Remo Trerotola – Kai Rönnau

Faszination Waldtiere

Von der Ameise bis zum Wildschwein

Bildnachweis

Umschlag:
Alexander Habermehl (Peter Lustig)
FotoNatur (Eichhörnchen)
PantherMedia (Backwaren)

Innenteil „Faszination Waldtiere":
DIGITALSTOCK (S. 13, S. 23 re. o., S. 24 re. Mi., S. 25 re. o., S. 30 li. u., S. 31 li. Mi. und re. o., S. 33, S. 34 li. o.)
FotoNatur (S. 5, S. 6 li. o., S. 14 li. o., S. 16, S. 24 li. o. und li. u., S. 25 li. o., S. 34 re. Mi und u., S. 35 li. Mi., li. u., re. o. und re. u., S. 36 li. Mi. und li. u., S. 37 re. u., S. 38 li. u. und re. u., S. 40, S. 41, S. 42 li. o. und re. u., S. 44 alle, S. 45, S. 46, S. 47 u.)
PDPhoto.org (S. 6 u., S. 11 re. o.)
PixelQuelle.de (S. 9 o. und u., S. 10 o. und u., S. 11 li. Mi. und re. Mi., S. 20 li. Mi., S. 23 u., S. 26 beide, S. 29 beide, S. 30 li. o., S. 31 re. u., S. 35 re. Mi., S. 36 li. o., S. 37 li. Mi., S. 42 re. Mi., S. 47 re. o.)
U.S. Fish and Wildlife Service (S. 3 Jim Frates, S. 6 re. o., S. 23 Mi. Eric Engbretson)
ZDF/Gerd Dost (S. 8)
ZDF/Studio TV Berlin (S. 14 re. u., S. 32)

ISBN 3-8212-3044-4
© ZDF/ZDF Enterprises GmbH
Licensed by Creschendo Media GmbH
Bavariafilmplatz 7
82031 Geiselgasteig
Alle Rechte vorbehalten

Verantwortlich für diese Ausgabe:
XENOS Verlagsgesellschaft mbH
Am Hehsel 40, 22339 Hamburg

Konzeption und Text: Remo Trerotola und Kai Rönnau (Faszination Waldtiere)/Remo Trerotola mit Günter W. Kienitz und Kai Rönnau (Kraftstoff Essen)
Fotoredaktion: Günter W. Kienitz, Eleonore Gregori, Nicole Eicke
Illustrationen: Christoph Tillmann
Redaktion: Eleonore Gregori
Fachlektorat: Dieter Schmidt
Grafische Gestaltung: Velte-Design
Wir danken Margrit Lenssen und Suse Kaupp von der Löwenzahn-Redaktion, ZDF tivi, und natürlich auch Peter Lustig für die freundliche Unterstützung.
Printed in Italy

Inhaltsverzeichnis

Versteckt im Busch 4

Überraschung auf der Lichtung 8

Rascheln im Unterholz 12

Teufelsnadeln am Bach 19

Staaten im Wald 28

Verborgen in Baum und Borke 32

Jäger der Nacht 39

Tiere im Wildpark 43

Kleines Tierlexikon 48

Versteckt im Busch

„Den alten Fotoapparat von Onkel Willi willst du haben?" Tante Elli schaut Peter verwundert an. „Wozu denn das? Du hast dir doch erst neulich diese schöne Digitalkamera gekauft, mit allem technischen Schnickschnack?"

„Stimmt", gibt Peter Lustig zu. „Aber die Automatik hat schon nach einer Woche gestreikt. Jetzt suchen sie in der Werkstatt den Fehler."

„Ja, ja, die moderne Technik", seufzt Tante Elli und zieht eine Kommodenschublade auf. Sie holt einen uralten Fotoapparat im Lederetui heraus und reicht ihn Peter. „Hier ist das gute Stück. Aber ich weiß wirklich nicht, ob der noch funktioniert."

Doch Peter ist sich sicher: Dieser Apparat, schon über 60 Jahre alt, ist genau das Richtige für sein Vorhaben. „Der funktioniert, ganz bestimmt. Keine Automatik, keine Elektronik – was soll denn da kaputtgehen?"

Tante Elli zuckt die Achseln. „Na, wenn du meinst. Ich leihe ihn dir gerne aus. Aber du hast mir noch immer nicht gesagt, wofür du ihn eigentlich brauchst?"

Und dann erzählt Peter ihr vom Fotowettbewerb des BÄNABU, des Bärstädter Naturschutzbundes. Dieses Jahr geht es um das Thema „Faszination Waldtiere". Einen Tag und eine Nacht haben die Teilnehmer Zeit, im Bärstädter Forst ein zauberhaftes Tierfoto zu schießen. Heute soll es losgehen, und Peter will natürlich dabei sein.

Schon eine Stunde später hat er seine erste Station bezogen. Es ist ein klappriger Jägerhochsitz, der auf dem Grund von Bauer Hansen steht. Von hier aus hat Peter einen guten Überblick, denn die grünen Wiesen des Bauern enden hier und gehen in dichtes Gebüsch über. Es ist der Waldrand des Bärstädter Forstes.

Am Waldrand

In der Morgendämmerung schleicht ein Fuchs über die Wiese. Ein Stück weiter häuft sich ein kleiner Maulwurfshügel in dichtem Gras. Hasen rasen über Acker und Feld. Und allmählich verdrängt die Sonne den Nebelschleier.

Bereits im Frühjahr lassen sich am Waldrand sehr gut Tiere beobachten. Hier erwacht die Natur zuerst aus ihrem Winterschlaf. Denn an Wegen, Hängen und Feldern fangen nur wenige Bäume die ersten wärmenden Sonnenstrahlen ab. Im Sommer, wenn es vielen Tieren hier zu warm wird, ziehen sie sich in die schattigen Wälder zurück.

Fuchs

Ein stets aufmerksamer und gerissener Jäger mit scharfen Sinnen. Er erlegt Mäuse und Käfer, plündert Vogelnester, fängt Frösche und Fische. Gleichzeitig ernährt er sich von Obst und Beeren. Der Fuchs wagt sich sogar in Ställe von Bauernhöfen. Dort reißt er Hühner, Gänse und Enten.

Füchse hetzen ihre Beute nicht, sie beschleichen sie – anders als ihre nächsten Verwandten, die Wölfe und Hunde. Anschleichen können sie sich mit ihren kleinen Beinen besonders gut in dichtem Gras.

Und: Sie sind eine zuverlässige Müllabfuhr rund um den Wald. Denn sie verschlingen Aas sowie schwache und kranke Tiere, die sonst Erreger verbreiten würden.

Früh übt sich, wer ein geschickter Jäger werden will: Jungfuchs beim Mäusesprung

Den Mittag und Nachmittag verschlafen Füchse am liebsten in ihrem Bau. Dieser besteht aus mehreren unterirdischen Kesseln und einem reich verzweigten Gangsystem. Füchse sind raffinierte Baumeister, denn sie buddeln sich gleich mehrere Notausgänge.

Doch ähnlich wie wir Menschen, besitzt nicht jeder Fuchs sein eigenes „Haus". Er lebt gelegentlich als „Untermieter" beim Dachs. Hin und wieder kann es da mal Ärger geben, wenn man unter einem Dach wohnt – ebenfalls wie bei uns Menschen.

Blick in die Kinderstube

Mutter Fuchs beim Säugen. Schon in wenigen Monaten werden die Kleinen selbst für sich sorgen müssen.

Einmal im Jahr, im April, bringt die Füchsin bis zu acht Junge zur Welt. Dazu zieht sie sich in einen Kessel des Baus zurück. Diesen hat sie extra mit ihren eigenen Haaren ausgepolstert. Die Jungen sind anfangs blind und hilflos. In dieser Zeit ist die Mutter fast ausschließlich auf Beutefang. Der Vater beteiligt sich nur selten. Nach etwa einem Monat tollen die Kleinen bereits vor dem Bau umher. Dabei lernen sie, sich anzuschleichen und Beute zu fangen. Schon im Herbst sind sie erwachsen – und ziehen aus.

Hase

Hasen sieht man zumeist mampfend über Wiesen und Felder hoppeln. Dabei sind sie immer zur Flucht bereit. Bei Gefahr schreien sie oft wie kleine Kinder – und flitzen im Zickzackkurs davon. Oder sie halten still und hoffen, dass man sie übersieht – gut getarnt mit ihrem braunen Fell. Erst wenn man ihnen dann zu nahe kommt, springen sie davon.

Hasen haben viele Feinde. Sie stehen auf der Speisekarte von hoch spezialisierten Räubern wie Fuchs, Habicht oder Marder.

Doch der sprichwörtliche „alte Hase" kann selbst seinen hartnäckigsten Verfolgern entkommen, indem er immer wieder flotte „Haken schlägt".

Mit seinen langen Hinterbeinen kommt der Hase schnell vom Fleck. Er kann sprichwörtlich „die Beine in die Hand nehmen".

Blick in die Kinderstube

Auf dem Feld scharrt „Meister Lampe" kleine Kuhlen, in denen die Weibchen ihre Jungen gebären. Sie sind schon nach einem Jahr bereit, selber Kinder zu bekommen. Hasen sind Könige im Kinderkriegen: Sie werfen vier Mal im Jahr. Etwa vier sehende, behaarte Hasenbabys kommen pro Wurf auf die Welt.

Hasen sind reine Pflanzenfresser: Sie mümmeln Gras und Klee, Wurzeln und Kräuter.

Maulwurf

Unermüdlich durchwühlen Maulwürfe das Erdreich. Darin sind sie echte Spezialisten: Ihre Vorderpfoten sind zu kräftigen Schaufeln mit langen, scharfen Krallen verbreitert. Damit lockern sie die Erde auf. Drehend und wühlend schieben sie sich mit ihrer spitzen Nase weiter ins Erdreich hinein. Nach und nach befördern dabei die emsig scharrenden Hinterbeine die gelockerte Erde nach hinten. Mit ihrem breiten Hinterteil häufen die Maulwürfe die Erdklümpchen hinter sich an. Später befördern sie die Erde zum Ausgang. Hier stupsen sie mit ihren Köpfchen Haufen für Haufen aus ihrem Bau.

Dabei sieht man vielleicht auch mal ihre winzigen Perlaugen. Zum Schutz vor der Erde sitzen die Augen tief im Fell. Sehen können Maulwürfe damit kaum. Müssen sie auch nicht. Denn in ihren Gängen haben sie sowieso kein Sonnenlicht.

Maulwürfe bevorzugen fette und feuchte Erde. Darin legen sie komplette Burgen an, mit vielen Gängen. Jeder Abschnitt erfüllt seinen Zweck: Der Hauptgang (Rundgang) liegt direkt über dem Nestkessel. Von hier aus führen Laufgänge ins Jagdrevier, zu den Jagdgängen. Maulwürfe ernähren sich vor allem von Würmern, Schnecken, Asseln, Fröschen und auch Eidechsen. Pflanzenteile, wie Wurzeln oder Früchte, mögen sie nicht. Sie sind Säugetiere und halten keinen Winterschlaf.

Wie ein spitzer Bohrer schiebt sich der Maulwurf durch die Erde.

Blick in die Kinderstube

Im Frühjahr polstert die Maulwurf-Mutter den Nestkessel mit Grashalmen aus. Dann erwartet sie die Geburt ihrer Jungen. Im April/Mai ist es so weit: 3-5 nackte, bohnengroße Maulwurf-Kinder kommen auf die Welt. Das Weibchen kümmert sich allein um sie und säugt sie etwa zwei Monate lang.

Überraschung auf der Lichtung

Peter hat am Waldrand einige Tiere fotografieren können, aber sie waren weit weg und werden auf dem Foto wohl ziemlich mickrig aussehen. Ihm ist klar: Wenn er eine Chance auf das Siegerfoto haben will, dann muss er näher ran an die Waldtiere. So schlägt er sich seitlich in die Büsche. „Ganz schön dunkel", bemerkt Peter. Die mächtigen Baumkronen stehen dicht an dicht und lassen kaum Licht zum Boden durch. „Wenn ich hier wirklich ein Tier vor die Kamera kriege, habe ich ein Problem, so ohne Blitzlicht."

So schleicht Peter weiter durch das Unterholz, bis er eine Lichtung erreicht. „Ja, schön hell wäre es hier", murmelt Peter und geht hinter einem umgestürzten Baum in Stellung. „Fehlt nur noch das passende Motiv. Jetzt ist Geduld gefragt."

Doch Peter muss gar nicht lange warten. Ein kräftiges Knacken lässt ihn aufhorchen. Das kam von der Lichtung! In den hohen Gräsern bewegt sich was!
Peter hält die Kamera bereit. „Na, komm schon, zeig dich", murmelt er.
Wieder raschelt es im Grün. Den Bewegungen der Halme nach muss es ein sehr großes Tier sein. Peter legt den Finger auf den Auslöser.
Da! Ein grauer Hut kommt zum Vorschein. Paschulke!
Peter springt auf. „Was machen Sie denn hier?"
„Das Gleiche könnte ich Sie auch fragen", ächzt Peters Nachbar und kommt auf die Beine. Eine vollautomatische Kamera mit Nachtsichtgerät baumelt um seinen Hals. Auf dem Rücken trägt er einen schweren Rucksack.
„Sie wollen wohl auch das zauberhafteste Tierfoto machen", ahnt Peter.
Der Nachbar nickt. „Na klar. Und ich dachte mir, die Lichtung wäre ideal dafür. Wo hat man denn sonst so gutes Licht im Wald?"
Da muss Peter ihm zustimmen. Nur: „Diese Lichtung ist zu klein für zwei Fotografen."
Der Nachbar verschränkt trotzig die Arme. „Das sehe ich genauso. Also: Wer von uns geht?"
Peter überlegt. „Wir sollten das sportlich regeln", schlägt er vor. Er pflückt zwei Grashalme, nimmt sie so in die Faust, dass sie gleich lang scheinen, und hält sie dem Nachbarn hin. „Wer den Kürzeren zieht, sucht sich ein anderes Revier. Einverstanden?"
Der Nachbar nickt. Entschlossen greift er zu. Es ist der kürzere Halm.
„Na ja, ich finde auch woanders mein Glück", grummelt Herr Paschulke. „Viel Erfolg auf ‚Ihrer' Lichtung, Herr Lustig!"
„Danke!", ruft Peter ihm nach und geht wieder in Deckung. Wäre doch gelacht, wenn er hier nicht noch einige echte Waldbewohner vor die Kamera bekommen sollte.

Auf der Lichtung

Die Wildblumenwiese auf der Lichtung bleibt auch im Sommer saftig frisch. Denn hierauf fallen Sonnenstrahlen oft nur am Mittag. Den Rest des Tages halten die Bäume ringsherum die heißen Strahlen ab. Das hohe, dichte Gras ist ein lebhafter Tummelplatz für Rehe und Hirsche – aber auch für Schmetterlinge und Heuschrecken.

Reh und Rothirsch

Nur selten bekommt man Reh und Rothirsch (Hirsch) in freier Wildbahn zu Gesicht. Vor allem die ängstlichen Rehe springen davon, bevor man sie überhaupt gesehen hat. Die Natur hat sie für die Flucht sehr athletisch ausgestattet: ein schmaler Körper, schlanke Beine mit kräftigen Hinterläufen und ein dünner Hals. Dazu ein eckiger Kopf mit seitlichen Augen und hochstehenden Ohren – immer auf der Hut vor Raubtieren.

Beide Tierarten ziehen sich gerne in das Gehölz des Waldes zurück. Mit einem Unterschied: Das Reh mit seinem sportlichen Körper durchschlüpft elegant das Unterholz. Der größere und schwerfälligere Hirsch hingegen durchbricht Büsche und Zweige mit seinem gewaltigen Geweih.

Reh und Hirsch wechseln die Farbe und Dichte ihres Fells je nach Jahreszeit – ein Kniff aus der Zauberkiste der Natur.

Hirsche durchstreifen in Rudeln von mehreren Weibchen und Jungtieren die Landschaft. Bei Rehen ist es oft nur ein Weibchen mit seinen Jungen. Die Männchen stoßen im Herbst zu den Gruppen. Dann finden unter ihnen Kämpfe um die Weibchen statt. Sie rennen mit ihren Geweihen aufeinander los – testen, wer der Stärkere ist. Hirsche „röhren" dabei. Der Sieger darf sich mit den weiblichen Tieren paaren.

Damwild ist etwas kleiner als Rotwild. Typisch sind weiße Flecken auf dem Rücken wie bei dieser Hirschkuh.

Ein Rothirsch. Sein stolzes Geweih zählt 12 Enden.

Die Geweihe werden im Winter nach den Kämpfen abgeworfen und im Frühjahr neu gebildet. Jedes Mal wachsen sie größer nach. Beim Rehbock auf bis zu acht Enden, beim Hirsch können sie bis 18 Enden erreichen.

Freie Sicht beim Futtern: ein Rudel Damhirsche am Waldrand

Rehe und Hirsche haben kaum natürliche Feinde, seit Wölfe und Bären hierzulande nahezu vollständig aus der Natur verschwunden sind. Sie sind Pflanzenfresser und machen sich gerne über junge Baumtriebe und Knospen her. Sie richten daher ziemliche Schäden an. Denn der Wald hat kaum Chancen, sich zu erholen. Um den Wald zu schützen, regelt anstelle der Räuber heute der Mensch den Bestand der Tiere: Sie sind zu bestimmten Zeiten im Jahr freigegeben zur Jagd.

Wildfütterung im Winter – niemand soll verhungern.

Blick in die Kinderstube

Im Mai bringt das weibliche Reh (Ricke) ein bis zwei Junge (Kitze) zur Welt. Diese tragen weiße Flecken in ihrem braunen Fell, die aber nach wenigen Monaten herauswachsen.

Auch die Hirschkuh bringt im Mai ihr einziges Junges pro Jahr zur Welt.

Dieses Kitz wird einmal ein stolzer Damhirsch – die Geweihansätze sind bereits sichtbar.

Schmetterling

Bunte Blumen gehören ebenso zu einer wilden Wiese wie umherflatternde Schmetterlinge. Farbenprächtige Blüten und lieblicher Nektarduft ziehen diese Falter an. Ihren langen Rüssel nutzen sie wie einen ausrollbaren Trinkhalm, um den süßen Saft aus den Blüten zu saugen.

Damit die Schmetterlinge schnell entscheiden können, ob ihnen der Nektar einer Blüte schmeckt, hat die Natur ihnen „Nasen" an den Füßen eingebaut. Sobald sich ein Tier auf eine Blüte setzt, weiß es also, ob darin etwas Leckeres ist oder nicht.

Imitiert den Blick eines Feindes: das Tagpfauenauge

Alle Schmetterlinge besitzen einen dünnen Körper mit vier großen Flügeln. Oft sind die Flügel bunt geschmückt.

Blick in die Kinderstube

Schmetterlinge bringen eine erstaunliche Entwicklung hinter sich: Zunächst legt das Weibchen seine Eier ab. Hieraus schlüpfen die Raupen. So eine Raupe hat nicht viel zu tun: Sie frisst und frisst und frisst – erst das Blatt, auf dem sie sitzt, dann die ganze Pflanze. Später häutet sie sich einige Male und spinnt einen Kokon um sich. Das sind feste Fäden, die sie selbst herstellen kann. In diesem Fadengeflecht bildet sie die unbewegliche Puppe. Irgendwann bricht die Haut der Puppe auf – und ein Schmetterling schlüpft. Wann das passiert, ist bei den verschiedenen Arten unterschiedlich.

Einer unserer schönsten Edelfalter: der Schwalbenschwanz

Farben beim Fuchs abgeschaut: der Kleine Fuchs

Eiablage unter einem Kohlblatt

Raupen haben Riesenappetit

Zum Schlafen aufgehängt: die Puppe

Frisch geschlüpfter Kohlweißling neben leerer Puppenhülle

Rascheln im Unterholz

Während Peter die Lichtung im Auge behält, versucht Nachbar Paschulke woanders sein Glück. Auch er hat gemerkt, dass breite Wanderwege nicht der ideale Ort sind, um Tiere mit der Kamera zu überraschen. Nun quält er sich mit seinem sperrigen Gepäck durchs Unterholz.

„Ich mach erst mal Pause", schnauft Paschulke nach kurzer Zeit und lässt sich auf einem Baumstumpf nieder. Doch als er sein Frühstück auspacken will, zögert er.

„Was hier alles rumkrabbelt! Da vergeht einem ja der Appetit."

Tatsächlich sind im und am toten Holz des Baumstumpfes jede Menge kleine Tiere unterwegs. Gerade überquert ein grün schillernder Käfer den Stumpf und krabbelt kopfüber die Rinde wieder hinunter. Doch der Nachbar ist vorbereitet: Er zieht eine große, rot-weiß karierte Serviette aus dem Rucksack und breitet sie als Tischdecke aus. Darauf legt er nun fein säuberlich sein Frühstück ab. Hungrig beißt er ins erste Wurstbrötchen.

Sein Schmatzen dringt laut durchs Unterholz.

Doch noch etwas anderes ist zu hören. Ein leises Rascheln.

Paschulke hört auf zu kauen und spitzt die Ohren. Ganz still sitzt er und wartet ab. Und da passiert es: Auf dem Waldboden vor ihm erscheint eine dunkel schimmernde Schlange. Arglos gleitet sie zu einem Fleck, der von der Sonne beschienen wird, und bleibt dort liegen. Paschulke ist entsetzt. Eine Schlange! Womöglich ist sie giftig! Am liebsten würde er davonrennen. Aber dann erinnert er sich, wozu er eigentlich hier ist.

„Das zauberhafteste Tierfoto", fällt ihm ein. „Das ist meine Chance."

So leise es geht, zieht er seine Kamera heraus und legt sie auf die Schlange an. „Ein bisschen dichter müsste ich noch ran", flüstert er. Aber er traut sich nicht. Doch wozu hat sein hochmoderner Apparat ein eingebautes Teleobjektiv? Er tippt den Knopf an, und mit einem flinken Surren fährt das Objektiv vorne heraus. Ganz schön laut, dieses Surren, erschreckt sich der Fotograf. Und die Schlange auch. Mit einer schnellen Bewegung ist sie im Gestrüpp verschwunden.

„Na toll!", ärgert sich Paschulke. „Da kriechen mir die besten Motive vors Objektiv, und die blöde Technik schlägt sie in die Flucht!"

Im Unterholz

Hier raschelt und knistert es fast das ganze Jahr. Vor allem im Frühjahr, wenn es wieder wärmer wird, kehren allmählich die Lebensgeister in das Unterholz zurück: Waldspitzmäuse, Igel, Regenwürmer und zahllose Insekten wuseln dann zwischen Laub und Zweigen umher.

Alle sind ausgehungert vom langen, kalten Winter. Und Nahrung findet sich reichlich unter dem Gehölz.
In jeder Hand voll Erde blüht hier das Leben: haarfeine Wurzelfasern, blitzende Käferpanzer, Schneckenschalen, verrottete Zweige und Blättchen, Gesteinssplitterchen und Insekteneier, Spinnfäden und Pilzgeflechte, dazu zahlreiche krabbelnde Winzlinge.

Blindschleiche

Wenn eine Blindschleiche ihren silberbraunen Körper über den Waldboden schlängelt, wirkt sie wie eine Schlange. Immer wieder schnellt dabei ihre Zunge hervor. Doch der Eindruck täuscht: Blindschleichen sind keine Schlangen, sondern Echsen. Bei Gefahr verlieren sie ihren Schwanz – wie Eidechsen.
Irgendwann im Laufe der Geschichte haben sich jedoch ihre Beine zurückgebildet. Der Vorteil: Sie sieht aus wie eine Schlange, und das macht vielen Tieren Angst.
Echsen und Schlangen sind beides Kriechtiere. Sie sind wechselwarm.

Blindschleichen leben überwiegend von Regenwürmern und Nacktschnecken. Den Winter überdauern sie in einer Winterstarre.
Sie stehen wie alle Eidechsen unter Naturschutz.

Trügender Schein: Blindschleichen sind keine Schlangen.

Blick in die Kinderstube

Im Hochsommer gebärt das Weibchen etwa 25 Junge, die alle lebend zur Welt kommen. Das ist untypisch, denn Kriechtiere legen sonst Eier (Eidechsen, Krokodile, Schlangen).

Igel

Igel sind kaum zu überhören. Auch wenn sie noch einige Meter entfernt sind, verrät sie schon ihr lautes Schnaufen. Meist durchwühlen sie am Abend Laub und Gras auf der Suche nach Fressbarem. Dabei sind sie nicht wählerisch: Sie stopfen Regenwürmer, Käfer, Ohrwürmer, Schnecken, Tausendfüßler, Raupen und Vogeleier in sich hinein.

Wenn Igel im Unterholz rascheln, hört man sie von weitem. Scheu sind sie nicht.

Und woran erkennt man Igel? Am Stachelkleid, ganz klar. Und das hat es in sich: Rund 7 000 der spitzen Dinger trägt jedes Tier mit sich herum. Stachel sind umgebaute Haare. Sie sind zwei bis drei Zentimeter lang, oben cremefarben und unterhalb der Spitze dunkelbraun. Innen sind die spitzen Stifte hohl: So spart man Gewicht. Zweimal in seinem Leben bekommt jeder Igel neue Stacheln.

Blick in die Kinderstube

Igel haben keine feste Paarungszeit. Ihr Paarungstrieb bricht aus, sobald Männchen und Weibchen zusammentreffen. Tragende Weibchen bereiten ein Nest im Dickicht vor. Die etwa sechs Jungen sind zunächst nackt, ihre Augen und Ohren sind geschlossen. Rund 150 kleine Stachel sind bei den Neugeborenen bereits vorhanden. Damit die Mutter sich daran während der Geburt nicht verletzt, ist die Haut der Säuglinge stark mit Wasser aufgequollen, bis über die Stachelspitzen. Nach etwa zwei Tagen wächst den Jungen das erste „erwachsene" Stachelkleid.

Einmal hat Herr Paschulke bei der Gartenarbeit einen Igel gefunden.

Igel im Winter

Igel sind Einzelgänger und halten Winterschlaf. Manchmal werden sie dabei gestört. Das ist gefährlich für die kleinen Säuger. Denn im Winter finden sie nur selten Futter. Wenn sie also kein neues Zuhause auftreiben können, drohen sie zu verhungern.

Wenn du mal einen Igel im Winter findest, kannst du ihm eine Winterwohnung bauen. Allerdings nicht in deiner Wohnung, sondern draußen im Garten oder im Wald. Wie? Das erfährst du hier.

Du benötigst:
- etwas Laub
- Zweige
- 1 Bogen Pappe

1. Suche eine geschützte Ecke, vielleicht unter Büschen.

2. Dort häufst du ein wenig Laub zusammen.

3. Daneben schichtest du ein paar Zweige und geschnittenes Holz.

4. Zum Schutz vor Schnee und Regen kannst du dem Igel noch einen Pappdeckel darüber setzen.

5. Nun stellst du ihm regelmäßig Obst oder Tierfutter und Wasser hin, keine Milch. Gelegentlich wacht er auf. Dann hat er Hunger und Durst.

Du kannst aber auch einen Schuhkarton verwenden, den du „auf dem Kopf" über das zusammengehäufte Laub deckst. Schneide als Eingang eine Seite aus.

Waldspitzmaus

Die kleinen Wühler sind ununterbrochen auf der Suche nach Nahrung. Dabei erbeuten sie Insekten, Schnecken und Würmer. Sie fressen außerdem viele Larven und Puppen von schädlichen Insekten. Selbst Frösche und Jungvögel verschmähen sie nicht.

Pro Tag müssen Waldspitzmäuse etwa die Hälfte ihres Körpergewichtes futtern. Denn ihre hektischen Bewegungen verbrauchen sehr viel Energie.

Blick in die Kinderstube

Waldspitzmäuse legen ihre Nester in verlassenen Mäuselöchern an. Diese werden mit Gras, Moos und Laub ausgepolstert. In drei bis vier Würfen pro Jahr gebären die Weibchen fünf bis zehn Junge. Jedes Neugeborene wiegt nur rund 0,5 Gramm, ist blind und unbehaart. Bereits nach zehn Tagen haben die Mäuse-Kinder ordentlich zugelegt: Sie wiegen jetzt zehn Gramm. Nach drei Wochen sind ihre Augen geöffnet und nach vier Wochen sind die Jungen bereits davongezogen.

Waldspitzmäuse wuseln ununterbrochen in Wäldern und sumpfigen Wiesen. Da findet sich manch leckerer Happen.

Versuche mit Regenwürmern

Regenwurm

Regenwürmer sind die wahren „Wühlmäuse" in der Erde. Genauer gesagt, sie fressen sich hindurch. Denn sie saugen feinste Teile des Bodens in sich hinein. Ihnen schmecken Pilze, Algen und pflanzliche Reste wie Krümel von Laub oder Holz. Am Ende scheiden sie die Erde wieder aus – allerdings angereichert mit wichtigen natürlichen Mineralstoffen und Nährstoffen. Dazu zählen Kalium, Phosphor (sprich: Fosfor) und Stickstoff.

Die schmalen, langen Körper der Regenwürmer haben eine erstaunliche Grundausstattung. Sie können sich damit sogar durch festgepappte Erde bohren. Wie sie das tun, das verraten dir die folgenden Experimente.

Beträufle den Regenwurm während deiner Experimente immer wieder mit Wasser, sonst vertrocknet er.

Du benötigst:
- 1 Regenwurm
- 1 Zeitungsblatt
- 1 Taschenlampe

1. Suche einen Regenwurm. Wenn du keinen findest, kannst du mit den Fingern auf die Erde klopfen. Die Würmer denken dann, es regnet, und erscheinen aus dem Boden. Ein Trick, den auch viele Vögel gerne anwenden.

2. Lege ihn vorsichtig auf die Innenfläche einer Hand. Was spürst du?

3. Nun setze ihn vorsichtig auf das Zeitungsblatt. Beobachte ihn genau. Wie bewegt er sich? Siehst du die Borsten auf seiner Unterseite? Hörst du, wie es leise knistert? Sein Körper besteht aus vielen Ringen.

4. Setze ihn wieder auf die Erde und halte den Lichtstrahl der Taschenlampe über ihn, mit einem halben Meter Abstand. Er bewegt sich weg vom Licht.

5. Setze den Regenwurm auf die Erde zurück.

Auf einer Fläche von einem Meter Breite und Länge wohnen rund 300 Regenwürmer. Sie buddeln sich etwa zwei Meter tief. Unaufhörlich reichern sie dabei den Boden mit wichtigen Stoffen an.

Und: Die Millionen feiner Gänge versorgen das Erdreich mit Luft, Wasser, Wärme und Sauerstoff.

Nur wenn es regnet, müssen sich die kleinen Erdfresser schnell an die Oberfläche graben. Im vollgespülten Boden würden sie nämlich ersticken, denn sie haben keine Kiemen wie Fische. Zum Atmen benötigen sie Sauerstoff aus der Luft. So tauchen sie also regelmäßig bei Regen an der Oberfläche auf und erhielten deswegen zu Recht den Namen Regenwurm.

Regenwürmer haben einen in Ringe gegliederten Körper mit je vier stabilen Borstenpaaren pro Ring. Damit stützen sie sich ab, wenn sie sich vorwärts schieben (Knistern auf der Zeitung).

Nach vorne schieben sie sich mit ihrer kräftigen Muskulatur. Sie besteht aus zwei dicken Schichten.
Jeder Ring des Körpers trägt dieselben inneren Organe – von Mund und Paarungsorganen abgesehen.

Zur Paarung legen sich zwei Regenwürmer aneinander und befruchten sich gegenseitig. Regenwürmer sind Zwitter: Alle Tiere haben sowohl männliche als auch weibliche Paarungsorgane.

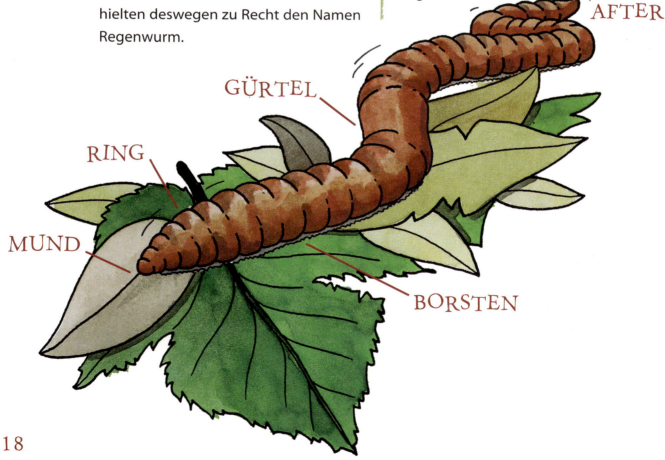

Teufelsnadeln am Bach

Peter hat inzwischen seine Lichtung verlassen und stapft einen kleinen Trampelpfad entlang. „Wer den wohl gemacht hat?", überlegt er. „Vielleicht haben ihn Rehe in den Grund getreten? Oder Wildschweine?"
Es geht jetzt gegen Mittag, und eine große Hitze macht sich breit.
„Ich kann noch froh sein, dass ich im Wald unterwegs bin", sagt sich Peter. „Die Bäume spenden Schatten und Feuchtigkeit. Draußen auf den Feldern wäre es jetzt kaum auszuhalten."
Er zieht seine Feldflasche aus dem Rucksack und trinkt einen Schluck Wasser. Doch es ist der letzte.
„Au Backe", ächzt Peter. „Ich muss dringend Wasser finden. Sonst überstehe ich diese Fotosafari nicht. Aber wo?"

Da erinnert er sich an die Bärau. Der kleine Bach fließt seit Menschengedenken durch den Forst, und sein Wasser ist immer rein und klar gewesen. Nach einem Fußmarsch von einer halben Stunde hat Peter ihn erreicht. Heilfroh füllt er seine Flasche auf. „Ein bisschen Abkühlung könnte mir auch nicht schaden", denkt er sich. Er zieht die Schuhe aus, krempelt die Latzhosenbeine hoch und watet in das plätschernde Gewässer hinein.

Plötzlich umschwirrt ihn ein riesiges Insekt. Es ist viel größer als Fliegen, Mücken und alle Käfer, die Peter vom Bauwagengrundstück kennt. Eine Hornisse!, schießt es ihm durch den Kopf. Doch das Tier, das da elegant über dem Wasser schwebt, ist viel schlanker und zerbrechlicher. Jetzt hat es sich am Rand des Baches niedergelassen. Peter nähert sich ganz vorsichtig.
„Nee, das ist eine Libelle!", erkennt er fasziniert.
Schon hebt das Tier wieder ab und brummt ins Blaue.
Direkt an Peters Nase vorbei! Kurz stockt ihm der Atem. Wie war das noch? Sind Libellen eigentlich gefährlich? Doch dann fällt ihm wieder ein, was sein Opa immer sagte: „Keine Angst, Peterchen. Teufelsnadeln stechen nicht!"

19

Am Bach

Dicht an das plätschernde Wasser des kleinen Baches drängen sich Moos, Farn und Schachtelhalm. Je breiter sein Lauf wird, desto mehr siedeln sich Büsche und Bäume längs des Ufers an.
Eine dichte, blühende Welt – mit zahlreichen Unterschlüpfen unter anderem für Fische, Libellen, Frösche und Spinnen. Denn sich und ihre Nachkommen können sie hier gut verstecken.

Libelle

Trotz ihrer beeindruckenden Größe sind Libellen für Menschen nicht gefährlich.

Wenn jemand den Durchblick hat, dann die Libelle: Die Augen dieser Tiere bestehen aus bis zu 30 000 Einzelaugen. So viele Augen benötigt sie, um im Flug sicher ihre Beute zu fangen. Denn Libellen leben räuberisch, hauptsächlich von anderen Insekten. Im Gegensatz zu uns kann die Libelle ihre Einzelaugen nicht auf jede beliebige Entfernung scharf stellen. Also benötigt sie unzählige, winzige Augen, um verschiedene Entfernungen richtig einschätzen zu können. Im oberen Teil ihrer Riesenaugen sieht sie besser weitere Abstände. Das Nahsehen kann sie besser mit dem unteren Teil. Die Bilder der kleinen Augen werden wie Puzzleteile zu einem Großbild zusammengefügt.

Besonders elegant: Azurblaue Wasserjungfern

Noch ein Vorteil der Riesenaugen: Bis zu 175 Einzelbilder kann eine Libelle pro Sekunde erfassen. Wir hingegen sehen nur 20 Bilder in der Sekunde. Mehr Bilder verschwimmen zu einem Film.

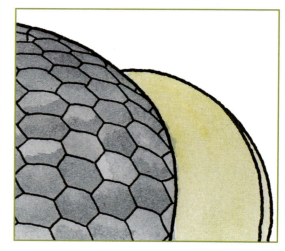

Das riesige Facettenauge besteht aus tausenden von sechseckigen Einzelaugen.

Du kannst das leicht mit einem Daumenkino ausprobieren. Je schneller du blätterst, desto weniger gut sind die einzelnen Bilder zu erkennen.

Das Auffälligste an diesen Insekten sind aber zweifellos die riesigen, zarten Flügel. Damit können sie so ziemlich alle Flugmanöver durchführen, die man sich denken kann. Sogar das „Stehen auf der Stelle" ist kein Problem.

Blick in die Kinderstube

Libellenlarven gehören zu den gefräßigsten Lebewesen überhaupt. Sie leben meist im Wasser und machen sich über alles her, was fressbar ist: Würmer, Insekten, Kleinfrösche, Molche und sogar kleine Fische. Dazu haben sie eine besondere Ausstattung: Ihr Unterkiefer ist zu einer Greifzange umgebildet, mit der sie blitzschnell zuschnappen können.

Die Larven entwickeln sich aus abgelegten Eiern. Nach ein bis vier Jahren ist die Larve zu einer Nymphe (sprich: Nümfe) ausgewachsen. Sie klettert aus dem Wasser auf einen Halm oder Zweig. Ihre Haut platzt auf, und ein erwachsenes Tier macht sich davon.

Der Kopf der Libelle besteht fast nur aus Augen!

Libellen sterben mit dem ersten Frost im Jahr. Die Larven überleben im Schlick am Grund von Bächen und Seen.

Der Paarungstanz der Libellen: das so genannte Libellenrad

Die Larve wächst im Wasser heran und hat noch wenig Ähnlichkeit mit einer Libelle.

Libellenlarven sind wahre Fressmaschinen. Kaulquappen haben hier keine Chance.

Die letzte Häutung findet an Land statt: Gleich hat sich die junge Libelle aus der Nymphe herausgekämpft.

Unterwasserwelt für zu Hause

Du benötigst:
- 1 Einmachglas
- Kieselsteine
- 1 altes Küchensieb
- 1 Stock (ungefähr 20-30 Zentimeter lang)
- Klebeband

2. Nun legst du kleine Steine in das Glas.

3. Dann suchst du dir an einem Bach einige Stängel der Wasserpest, die du abknipst. Stecke sie zwischen die Steinchen.

4. Halte das Glas in die Bachströmung und fülle es mit Wasser.

5. Nun ziehst du den Käscher vorsichtig durchs Wasser. Wenn du einige Wasserlinsen im Sieb hast, gibst du sie ins Glas hinzu. Aber nicht mehr als zwei bis drei.

1. Den Käscher stellst du dir selber her: Lege den Stock auf den Griff des Siebs und befestige ihn mit dem Klebeband.

6. Fertig. Nun stellst du das Glas bei dir zu Hause auf. Fülle hin und wieder frisches Wasser nach.

Fische

Selbst gegen die Strömung bewegen sich Fische schnell und elegant. Das liegt an ihrer einzigartigen Körperform: Sie sind nicht breit und ihre Körper sind zum Maul hin zugespitzt. Die Schwanzflosse treibt sie gemeinsam mit den schlängelnden Bewegungen ihres Rumpfes voran. Mit Bauch und Rückenflossen halten sie ihr Gleichgewicht. Fische atmen über Kiemen. Diese filtern den lebenswichtigen Sauerstoff aus dem Wasser.

Zwei Hechte lauern auf Beute.

Hecht

Diese Fische treiben sich in Fließgewässern, aber auch in Seen herum, bevorzugt in der Uferzone. Sie leben von Fischen und Fröschen. Die Eier hinterlassen Hechte an Pflanzen in Flachwasser.

Bachforellen lieben klares, fließendes Wasser.

Bachforelle

Sie hält sich vor allem in sauerstoffreichen Regionen der Oberläufe auf und bleibt ihrem Revier treu (ältere Bachforellen verteidigen es hartnäckig). Sie frisst Kaulquappen, Jungfische, Insekten und deren Larven. Bachforellen wandern zum Laichen flussaufwärts, um ihre Eier dort in strömendem Wasser unter Kies abzulegen.

Karpfen

In schlammig stehenden oder langsam fließenden Gewässern fühlen sich die Karpfen besonders wohl. Sie kommen erst in der Dämmerung aus ihren Verstecken. Dann fangen sie Kleintiere und knabbern Pflanzen an. Ihren Laich legen sie in der Uferzone an Gewächsen ab.

Karpfen sind eher in trüben Gewässern zu Hause.

Frosch

Springfrosch – der Name ist Programm.

Frösche treiben sich an nahezu allen Wasserstellen herum – egal ob Bach, Teich oder Tümpel. Denn alle unsere Frösche verbringen Kindheit und Jugend im Wasser: Die Kinder, also Kaulquappen, atmen über Kiemen und fressen ausschließlich Pflanzen. Erst die erwachsenen Frösche bilden Lungen aus und hüpfen als Raubtiere übers Land. Eine erstaunliche Entwicklung.

Frösche erbeuten vor allem Insekten. Allerdings: Sie sehen nur Dinge, die sich bewegen. Still sitzende Fliegen beachten sie nicht. Es bringt also nichts, Fröschen tote Insekten anzubieten. Die meisten Frösche überdauern den Winter im Schlamm von Tümpeln und Seen. Sie gehören zu den Amphibien (sprich: Amfibi-en) und stehen unter Naturschutz.

Für seinen Erkennungsruf bläht der Laubfrosch die Schallblase auf.

Laubfrosch

Er ist meist nur nachts aktiv. Tagsüber sonnt er sich gerne in Wäldern und Gras. Er ist ein guter Kletterer und lebt von Fluginsekten. Sein typischer Ruf: „Käkäkä."

Grasfrosch

Tag und Nacht hoppelt der Grasfrosch umher und ernährt sich von Insekten, Würmern und Schnecken. In Wäldern, Wiesen, Mooren und fern vom Wasser ist er zu Hause. Der typische Laut ist ein leises Gurren: „Grrruhh, gruuuh."

Beim Grasfrosch treibt der Laich an der Wasseroberfläche.

Springfrosch

Dieser Hüpfer kann zwei Meter weit und einen Meter hoch springen. Er ist zumeist in sumpfigen Wiesen und Moorland unterwegs. Tag- und nachtaktiv, quakt er in schneller Folge: „Ook, ook, ook."

Moorfrosch

Der Moorfrosch ist oft nur zur Paarungszeit im Wasser. Meistens treibt er sich an Land umher und schnappt Insekten und Schnecken. Sein typischer Laut: „Ueg, ueg, ueg" in schneller Folge.

Während der Laichzeit färben sich die Moorfroschmännchen blau.

Wasserfrosch

Tagsüber sonnt er sich gerne an Ufern. Nachts ist ein lautes und vielstimmiges Konzert zu hören: „Kroak, kroak." Er erbeutet Schnecken und Würmer – oft im Sprung.

Blick in die Kinderstube

Alle unsere Frösche legen einen Laich aus vielen Eiern ab. Die Anzahl der Eier kann zwischen 100 (Laubfrosch) und 3 000 (Grasfrosch) schwanken. Typisch für Moorfrosch, Springfrosch und Wasserfrosch: Ihre Eiklumpen treiben nicht an der Wasseroberfläche, sie sinken ab.

Aus den Eiern schlüpfen im Frühjahr die Frosch-Larven, auch Kaulquappen genannt. Ihre erste Nahrung sind zumeist die Eier, aus denen sie geschlüpft sind. Kaulquappen leben sehr gefährlich, denn sie stehen an oberster Stelle auf der Speisekarte vieler Fische und Schlangen. Auch Libellen-Larven stürzen sich auf sie.

Meister im Froschkonzert: der Wasserfrosch

Nach wenigen Monaten aber wendet sich das Blatt ein wenig. Nun stehen für den ausgewachsenen Frosch Libellen auf der Karte.

Froscheier im Wasser: der Laich

Im Ei wächst eine kleine Kaulquappe heran.

Kaulquappen sind für das Leben im Wasser ausgestattet: Sie sehen aus wie kleine Fische.

Vorbereitung für den Landgang: Die Kaulquappe bekommt Beine. Bald verliert sie den Schwanz.

Spinne

Lange Zeit waren von vielen Spinnen nur die Weibchen bekannt. Also gab man ihnen komische Namen, wie „Schwarze Witwe". Inzwischen weiß man aber, warum oft nur Weibchen anzutreffen sind: Nach Paarung oder Netzbau werden die Herren kurzerhand von den Damen verspeist. Warum? Oft verlieren die Weibchen beim Spinnen der Fäden so viel Energie, dass sie ohne sofortige Nahrung verhungern würden. Weil aber sie den Nachwuchs in sich tragen, müssen sie überleben, nicht die Männchen.

Oft sind die männlichen Tiere sehr viel kleiner. Bei einer Seidenspinne etwa misst das Weibchen ganze 15 Zentimeter. Das Männchen wird nur ein Zentimeter klein.

Die meisten Spinnen legen ihre Eier im Herbst. Hieraus schlüpfen im Frühjahr die Jungen.

Erkennbar an dem weißen Kreuz auf ihrem Rücken: die Kreuzspinne

Kreuzspinne

Sie baut die schönsten Netze und lauert anschließend in der Mitte. Das Männchen muss nach der Paarung schnell das Netz verlassen – sonst futtert das Weibchen es auf.

Zebraspinne

Diese Spinne lauert kopfüber im Netz. Das Männchen wird während der Paarung eingewoben und dann verspeist.

Nach ihrem gestreiften Muster benannt: die Zebraspinne

Spinnen unterscheiden sich deutlich von Insekten: Sie haben acht Beine, nicht sechs. Außerdem haben sie vor ihrem Hinterleib nur ein Kopfbruststück. Insekten sind deutlich in Kopf, Brust und Hinterteil unterteilt.

Am Kopf tragen sie keine zusammengesetzten Augen wie etwa die Libelle. Spinnen haben zumeist vier Paar einfache Augen. Auch Fühler sind hier nicht zu finden.

Bis auf wenige Ausnahmen sind Spinnen mit Giftdrüsen ausgestattet. Mit diesen Ausscheidungen lähmen oder töten sie ihre Beute.

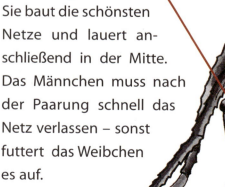

AUGEN — KOPF-BRUSTSTÜCK — SPINN-DRÜSE — HINTERLEIB

Biber

Biber sind hervorragende Schwimmer. Die Zehen ihrer Hinterpfoten sind mit Schwimmhäuten verbunden. Ihre Nasenlöcher und Ohröffnungen sind verschließbar. Und: Biber sind sehr gute Taucher. Bis zu 15 Minuten halten sie es unter Wasser aus.

Als Unterschlüpfe bauen sie sich kleine Burgen aus Ästen und Zweigen. Der Eingang liegt stets unter Wasser. Weil aber der Wasserspiegel von Flüssen und Bächen je nach Jahreszeit unterschiedlich hoch sein kann, stauen sich Biber kurzerhand die Wasserläufe auf. Eine raffinierte Idee.

Zum Bau des Staudamms fällt der Biber sogar Bäume mit seinem scharfen Gebiss. Die Nagestelle sieht dabei aus wie eine Sanduhr.

Seine aufwändigen Bauarbeiten erledigt der fleißige Nager zumeist im Schutze der Dunkelheit.

Der Biber frisst ausschließlich Pflanzen: Rinde, Jungtriebe und Wassergewächse. Er ist das größte Nagetier in Europa – von seiner Schwanzspitze misst er rund einen Meter Länge bis zum Kopf.

Blick in die Kinderstube

Biber suchen sich einen Partner für das ganze Leben. Nach rund 100 Tagen Tragzeit bringt das Weibchen im Mai drei bis vier Junge zur Welt. Diese gründen nach zwei Jahren eine jeweils eigene Familie.

Staaten im Wald

Während Peter ein kühles Fußbad im Bach nimmt, packt Nachbar Paschulke ein paar Kilometer weiter seinen Kram zusammen. Noch immer trauert er der Schlange nach, die er mit dem surrenden Teleobjektiv vertrieben hat.

„Mir reicht es", schnauft er vor sich hin und verdrückt ein Stück Schokoladenkuchen. „Diese Waldviecher sind derart scheu und schreckhaft. Die krieg ich nie aufs Foto!"

Wieder greift er zum Kuchen, dessen kleiner Rest noch auf dem Baumstumpf liegt.

Ohne hinzusehen, tastet er nach dem letzten Stück und führt es zum Mund. Doch im allerletzten Moment hält er inne. „Ameisen! Igitt!" Angewidert wirft er den Kuchen auf den Boden. „Wo kommen die denn her?"

Mit spitzen Fingern untersucht er die Kuchentüte und entdeckt darin weitere der Krabbeltiere. „Diebisches Gesindel!", murmelt er. „Schlagt euch hier den Bauch voll mit meinem Kuchen!"

Doch der Nachbar irrt. Die Ameisen fressen die Kuchenkrümel gar nicht. Sie transportieren sie ab. Eine richtige kleine Ameisenstraße führt von der Kuchentüte aus in den Wald hinein. Nur wohin? Auf allen vieren folgt Paschulke der Spur durchs Unterholz. Immer mehr Ameisen wuseln über den Waldboden, schleppen dies und das nach hier und da. Und dann ist das Ende der Straße erreicht: Ein gewaltiger Ameisenhaufen erhebt sich.

„Na, wenn das kein zauberhaftes Tiermotiv ist", haucht Paschulke. In Windeseile schleppt er seine Ausrüstung heran und macht die Kamera klar.

Den Ameisenbau zu knipsen, ist kein Problem. Aber um einzelne Tiere zu fotografieren, genügt das Teleobjektiv nicht. Da muss der Fotograf schon ganz nah herangehen. Und das tut er. Immer näher und näher schleicht er an den Haufen heran.

„Soll ich die nehmen, die das Stöckchen schleppt?", murmelt er konzentriert. „Oder die da mit dem Kuchenkrümel? Oder ... Was zwickt mich denn da am Bein?"

Ärgerlich lässt er die Kamera sinken, schiebt das linke Hosenbein hoch – und ist entsetzt. Das Ameisenvolk, das der Nachbar so gerne fotografieren möchte, hat Besitz von seiner Wade genommen! Zig kleine Krabbeltiere laufen zwischen Sockenrand und Knie umher. Was immer sie dort suchen.

„Schwarze Bande! Raus da!", schreit Paschulke und ist mit einem erstaunlich leichtfüßigen Satz aus dem Ameisenhaufen heraus. Er springt und schüttelt, hopst und schlägt, und schließlich steigt er gänzlich aus den Hosen.

„So klein ihr seid", knurrt er, „ihr seid ein gut organisierter Haufen."

Staaten im Wald

In einem kleinen Waldstück verbergen sich wahrscheinlich mehr Lebewesen als Menschen auf der Erde. Noch erstaunlicher aber ist, dass manche von ihnen sich in Staaten organisieren, wie sonst nur der Mensch das tut: Ameisen, Honigbienen, Hummeln und Wespen gehören dazu.

Der Vorteil einer solchen Gemeinschaft? Arbeitsteilung. Es entwickeln sich sozusagen auf jedem Gebiet Spezialisten. Die einen sorgen für Nachwuchs, die anderen schaffen das Futter ran, manche bilden den Verteidigungstrupp und wieder andere bauen den Unterschlupf aus.

Ameise

Immer wieder erheben sich an trockenen und sonnigen Stellen des Waldes rund 1,5 Meter hohe Hügel. Oben drauf wimmelt es von Roten Waldameisen. Sie haben die Hügel aus Nadeln, Erde und Stängeln angehäuft. Was du aber siehst, ist das nur der kleinere, oberirdische Teil des Nestes. Der größere Abschnitt reicht weit in den Waldboden hinein – zwei Meter tief. Der oberirdische Teil ist ein regelrechtes Sonnendach – mit gleichzeitigem Regenschutz: Der Haufen leitet die Wärme der Sonnenstrahlen über ein geschicktes Gangsystem nach unten. Er entlüftet und durchlüftet also die gesamte Anlage – was auch vor Feuchtigkeit und Regen schützt.

Und das Wichtigste: In den Kammern des Nadelhaufens werden Eier, Larven und Puppen gesonnt und gelüftet. Ununterbrochen wird der Nachwuchs rauf- und runtergeschleppt.
Solche Aufgaben verrichten die Arbeiterinnen. Sie bewachen auch das Nest, suchen Nahrung, bauen es aus und sind Geburtshelferinnen (Hebammen).

Eine unserer häufigsten Arten: die Rote Waldameise

Ein Ameisenhaufen – zahllose Gänge und Kammern durchziehen den riesigen Bau.

In jedem Nest lebt nur eine Königin. Sie legt die Eier. Aus den Eiern entwickeln sich zum großen Teil nur Arbeiterinnen. Männchen und neue Königinnen schlüpfen nur ein Mal im Jahr. Ihre Paarungszeit ist im Mai. Wie aus dem Nichts fliegen die beflügelten Insekten dann los, um sich zu paaren. Anschließend verlieren die Weibchen ihre Flügel und gründen jeweils einen neuen Staat. Die Männchen sterben.

Die Größe eines solchen Staates ist fast unvorstellbar: Bis zu 100 000 Tiere können in einem Haufen leben.

Ameisen sind die Müllabfuhr des Waldes. Sie beseitigen tote Tiere, Früchte, Obst und unzählige Schädlinge. Die Aufräumarbeiten sind von großem Nutzen für die Landschaft. Ameisen stehen deshalb unter Naturschutz.

Blick in die Kinderstube

Um den Nachwuchs kümmern sich die Arbeiterinnen: Nach der Eiablage durch die Königin transportieren sie die Eier in die unteren Erdkammern. Dort werden sie untersucht und aufgeschichtet. Außerdem werden sie beleckt. Das mindert den Befall von Pilzen. Bald darauf schlüpfen die Maden und eine beispiellose Brutpflege beginnt: Kindergärtnerinnen füttern den Nachwuchs aus ihren Kröpfen und tragen ihn nach oben in die Sonne. Bei Regen wieder runter. Dann wieder rauf. Und wieder nach unten – rechtzeitig, damit sich die Larven verpuppen können. Das Ganze startet erneut: Die Puppen werden zunächst beleckt, dann oben im Haufen gesonnt und anschließend unten in Erdkammern wieder abgekühlt.

Irgendwann trappelt die winzige Ameise lebhaft in ihrer Puppe herum. Damit zeigt sie ihren Betreuerinnen: „Ich will hier raus." Eine Hebamme muss her. Diese schneidet das seidene Gespinst vorsichtig auf. Die neugeborene Ameise erblickt das Dunkel der Kammer. Natürlich nicht, ohne gleich beleckt und gefüttert zu werden.

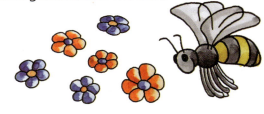

Honigbiene

In einem Bienenstock leben rund 50 000 Bienen in einem Staat zusammen. Die Stockbewohner erledigen verschiedene Aufgaben: Die Königin legt über mehrere Jahre Eier; Arbeiterinnen bauen das Nest, schaffen Futter heran und umsorgen den Nachwuchs; Männ-

Im Bienenstock herrscht ein einziges Gewimmel.

chen (Drohnen) spielen für das Zusammenleben keine Rolle. Sie befruchten nur einmal im Jahr die Königin und sterben.

Die Biene im Stock

Eine frisch geschlüpfte Biene arbeitet ungefähr drei Wochen im Stock: Als Erstes stehen Pflegeaufgaben auf dem Programm: Waben säubern und Brut wärmen. Danach steigt sie auf zur Ammenbiene – sie füttert Maden. Nach zehn Tagen nimmt sie Futter an, stampft Pollen ein und bereitet Honig. Außerdem wird Wasser zur Kühlung verteilt. Dann wird sie Wächterin am Eingang und zum Schluss Sammelbiene – bis zu ihrem Tod nach etwa sechs Wochen.

Mit dem Rüssel saugt die Biene den süßen Nektar aus den Blüten.

Honigbienen orientieren sich am Sonnenstand. Sie führen Tänze auf, um ihren Kolleginnen mitzuteilen, wo es Fressen gibt. Außerdem überträgt das Summen ihrer Flügel weitere Informationen. Die meiste Nahrung ergattern Bienen aus Blüten. Sie schlürfen dort den Nektar aus. Pro Tag schafft ein fleißiges Bienchen ungefähr 600 Blüten.

Die Pflanzen locken mit diesem süßen Saft Bienen extra an. Denn bei jedem Besuch bekommt die Biene ein Samenpaket aufgeladen. Dieses streift sie an der nächsten Blüte wieder ab.

Blick in die Kinderstube

In der Hauptlegezeit (April) legt die Königin bis zu 2 500 Eier am Tag, jedes in eine Wabe. Nach drei Tagen schlüpfen die Maden als beinlose und augenlose Larven. Sie werden von Arbeiterinnen gefüttert.

Bei ihrer Suche nach Nektar übertragen die Bienen den Blütenstaub der Pflanzen.

Nach etwa einer Woche haben die Arbeiterinnen die Larve bis zu 10 000 Mal gefüttert. Nun verschließen sie die Wabe und die Larve verpuppt sich. Hieraus entwickelt sich am 21. Tag eine junge Arbeiterin. Ihr erster Job ist es, die Zelle zu reinigen, für eine Schwester. Aus unbefruchteten Eiern schlüpfen Drohnen. Befruchtete Eier ergeben Weibchen oder Königinnen.

Mit ihrem Saugrüssel nehmen Bienen auch Wasser auf.

Verborgen in Baum und Borke

Während Herr Paschulke sich noch heftige Kämpfe mit den Ameisen in seiner Hose liefert, ist Peter weitergezogen. Er hat die sprudelnde Bärau hinter sich gelassen und durchquert ein Waldstück, in dem sich trotz der Hitze noch viel Feuchtigkeit gehalten hat. Peters Wanderstiefel machen bei jedem Schritt im weichen Boden schmatzende Geräusche. Immer tiefer sinken sie in den schwarzen Morast. „Puh, was für eine Pampe", murmelt Peter. „Und wie es hier aussieht!"

Der Boden um ihn herum ist aufgerissen und umgepflügt. Als hätte hier ein Motorradrennen stattgefunden oder eine Traktorschau. Aber mitten im Wald?
„Das müssen Tiere gewesen sein", dämmert es Peter. „Ja, Wildschweine machen so was. Die wühlen und graben jeden Boden um, auch in den Maisfeldern. Das hat mir Bauer Hansen auch schon erzählt."

Und dann kommt Peter die Idee: Wenn Wildschweine diesen Boden aufgewühlt haben, dann kommen sie vielleicht öfter hierher. Vielleicht sogar täglich! Peter müsste nur ein gutes Versteck finden und mit seiner Kamera auf sie warten. Aber wo? Suchend lässt er den Blick schweifen.

Einen Jägerstand wie am Waldrand gibt es hier nicht. Und einen umgestürzten Baum wie auf der Lichtung auch nicht. Aber nicht weit von dem Schlammloch entfernt steht ein alter Baum. Ein perfekter Kletterbaum mit einer beträchtlichen Höhe. Und seine Äste reichen weit runter bis fast zum Boden. Peter schultert sein Gepäck und macht sich an den Aufstieg. Noch ein kleines Stück, dann hat er eine breite Astgabel erreicht, auf der es sich bequem sitzen lässt.

Zufrieden schaut er sich um. Ja, von hier oben eröffnen sich ganz neue Perspektiven. Man ist mitten im Wald, und doch in einer ganz anderen Welt als unten am Boden. „Guck mal an. Ein Loch im Baumstamm? Und da drüben – ein Nest. Wer mag hier wohl wohnen?"

In den Bäumen

Bäume sind die ältesten Lebewesen dieser Erde.
Einige sind zwischen 3 000 und 4 000 Jahre alt. Den Rekord hält eine Grannen-Kiefer in den USA: stolze 4 700 Jahre. Man kann nur schwer erahnen, wie vielen Tieren und anderen Pflanzen so ein alter Baum schon Schutz geboten haben muss – vielleicht sogar auch manchem Menschen. Die stämmigen, verholzten Pflanzen sind so etwas wie die guten Seelen des Waldes. Hier finden Tiere Deckung, Behausung und Nahrung zugleich. Vögel nisten entweder in ihren Wipfeln oder in ihren Stammaushöhlungen. Eichhörnchen richten sich in Hohlräumen ein und Abermillionen Insekten umschwirren und durchkrabbeln die Bäume.

Vögel

Ein Durcheinander von Zwitschern und Trillern hört man vom Frühjahr bis zum Herbst bereits in den frühen Morgenstunden. Dieses scheinbare Chaos hat in Wirklichkeit Ordnung und Sinn. Denn die Männchen der Singvögel pfeifen sich einen – buchstäblich. Ihr Gesang bedeutet: „Hey, hier bin ich!" Das soll das eigene Revier gegen andere Männchen abstecken und zugleich Weibchen anlocken. Singvögel wie Spechte, Drosseln oder Meisen ernähren sich meist von Beeren, Samen, Insekten oder Würmern.
Greifvögel hingegen, wie Falke, Bussard oder Milan, schlagen auch größere Tiere: zum Beispiel Mäuse, Fische oder andere Vögel.
Zum Winter wird es ruhiger in den Wäldern. Die Paarungszeit ist längst vorbei. Die Zugvögel verlassen uns nun, darunter Greif- und Singvögel. Sie ziehen in den wärmeren Süden und kommen erst im Frühjahr zurück. Denn in den kalten Wintermonaten lässt sich bei uns nicht genügend Nahrung für alle Tiere auftreiben.

Die Winterquartiere sind oft mehrere Tausend Kilometer entfernt. Südeuropa, Nordafrika oder Südafrika sind die Hauptreiseziele. Noch immer ist nicht ganz klar, wie sich die Vögel auf ihren weiten Strecken orientieren. Man nimmt an, dass sie den Sonnenstand und das Magnetfeld der Erde nutzen. Dass sie auf Wanderschaft ziehen, ist angeboren und nicht erlernt.

Uriger heimischer Mischwald: Die Lebensräume der verschiedenen Tierarten liegen jeweils in unterschiedlicher Höhe.

Vögel unserer Wälder – eine spannende Auswahl

Greifvögel

Rotmilan

Junger Rotmilan

Er legt seinen Horst (Nest) hoch oben in Bäumen an. Das Weibchen erbrütet 2-3 Junge. Seine Beute erspäht er aus dem Flug: kleine Nager, Vögel, Aas und Abfälle. Der Rotmilan ruft gedehnt „wiüüüüü" und verbringt den Winter im Mittelmeerraum.

Mäusebussard

Sein Nest legt er im obersten Wipfelbereich der Bäume an. Männchen und Weibchen erbrüten in 35 Tagen 2-3 Junge. Der Mäusebussard sitzt geduldig auf Bäumen und lauert (Ansitzjäger) auf Kleinsäuger, Jungvögel, Amphibien und Reptilien. Er frisst auch Aas. Schreit lang gezogen „hijäh" und bleibt das ganze Jahr.

Mäusebussard bei der Landung

Habicht

Der Habicht fertigt sein Nest weit oben in den Bäumen an. Zumeist brütet das Weibchen in rund 40 Tagen 2-4 Junge.

Ebenfalls ein Ansitzjäger: der Habicht

Der Habicht schlägt aus der Deckung andere Vögel. Ruft „kja-kja-kja" und bleibt das ganze Jahr.

34

Singvögel

Singvögel schnattern, flöten und zwitschern. Die Gründe sind vielschichtig: Erregung, Paarungszeit, Brutzeit oder der schlichte Fluggesang. Jede Art trillert dazu eigene Melodien. Das können einfache Rufe sein oder kurze und lange Strophen.

Vergleiche mal die Zahlen der Eier bzw. Jungen mit der Anzahl der Jungen von Greifvögeln. Was stellst du fest?

Specht

Spechte beziehen zumeist Bruthöhlen in Buchen und bringen darin 4-6 Junge zur Welt. Sie trommeln mit ihren Schnäbeln an der Borke von Bäumen in weit hörbarer Lautstärke. Lieblingsspeise sind Insekten, die sich unter Holz verbergen. Sie überwintern bei uns.

Nachwuchs in der Baumhöhle: der Buntspecht

Singdrossel

Die Nester befinden sich in den obersten Baumabschnitten. Singdrosseln brüten 4-6 Junge aus und ziehen im Winter nach Südwesteuropa. Sie fressen Würmer, Schnecken und Beeren. Ihr Ruf ist ein „trr, trr".

Amsel

Sie legt ihr Nest in Bäumen oder Büschen an. Ungefähr 6 Junge kommen im Jahr zur Welt. Die Amsel sucht am Boden nach Insekten, Würmern und Früchten. Den Winter verbringt sie in Südwesteuropa oder Nordafrika.

Findet ihr Futter auf dem Boden: die Amsel

Rotkehlchen

Das Rotkehlchen lebt nah am Boden und sucht sein Nest in unteren Baumhöhlen oder Wurzeln. 4-6 Eier legt es darin ab. Es frisst Beeren und Insekten, durchwühlt das Unterholz. Nur Rotkehlchen, die in extrem winterkalten Regionen leben, ziehen im Winter in den Süden.

Erkennbar an der rötlichen Brust: das Rotkehlchen

Nachtigall

Sie baut ihre Nester in der Krautschicht und bekommt 4-6 Junge. Beeren und Insekten stehen ganz oben auf ihrer Speisekarte. Reiseziel im Winter ist die südliche Sahara.

Berühmt für ihren Gesang: die Nachtigall

Geschickter Schneckenjäger: die Singdrossel

Blaumeise

Die Blaumeise baut ihr Nest in Baumhöhlen und Nistkästen. Sie bekommt 8-10 Junge. Ihre Nahrung sind Insekten, Samen, Blüten und Nektar. Im Winter bleibt auch sie bei uns.

Trotzt selbst bitterem Frost: die Blaumeise

Kuckuck

Ein gerissener Schmarotzer: Das Weibchen legt ein Ei in ein fremdes Singvogelnest. Das Junge schlüpft und schmeißt Eier und Jungtiere der „Eigentümer" hinaus. Trotzdem füttern die fremden Eltern das Kuckucksjunge weiter.

Sein Ruf gab ihm den Namen: Kuckuck

Zilpzalp

In seinem bodennahen Nest bringt der Zilpzalp etwa 5 Jungen zur Welt. Er fängt Insekten und andere Kleintiere, indem er das Unterholz durchstreift. Im Winter fliegt er Richtung Mittelmeer.

Hast du die Anzahl der Jungen verglichen?

Singvögel legen im Schnitt mehr Eier als Greifvögel. Das hat die Natur so eingerichtet, weil Greifvögel kaum Feinde haben. Singvögel sind hingegen gleichzeitig Beutetiere, zum Beispiel für Greifvögel. Mit der höheren Anzahl bleibt also die Sicherheit, dass immer einige Singvögel überleben. Das wiederum sichert den Bestand der Greifvögel. Denn so gibt es stets genügend Futtertiere.

Noch ein lautmalerischer Name: Zilpzalp

Jeder Vogel tickt anders

Langschläfer gibt es unter den Singvögeln nur wenige. Viele trillern bereits mitten in der Nacht los. Das Erstaunliche: Ihre jeweilige Weckzeit beginnt täglich um die gleiche bestimmte Zeit vor Sonnenaufgang.

Dennoch kann man nicht eine Vogeluhr aufstellen, die gleichzeitig für alle Regionen gilt. Denn nicht alle Vögel kommen überall vor.

Vormittags verstummen die Gesänge der Vögel in der Reihenfolge, in der sie angefangen haben, also Frühaufsteher zuerst. In der Abenddämmerung wird es dann wieder lauter.

Eichhörnchen

In flinken Galoppsprüngen wuseln Eichhörnchen in unseren Bäumen. Sie sind hervorragende Kletterer, die sich

Markenzeichen des Eichhörnchens: der buschige Schwanz

auch sehr gewandt an dünnen Zweigen bewegen. Ihr buschiger Schwanz dient als Balancierstange für die wilden Kletteraktionen und Sprünge. Sie rauschen sogar kopfüber von den Bäumen. Eichhörnchen knabbern Nüsse, Beeren und Knospen. Sie erbeuten aber auch Kleingetier und plündern Nester mit Jungvögeln und Vogeleiern.
Geöffnet oder zerlegt wird der Raubfang mit dem scharfen Gebiss.

Eichhörnchen halten Winterruhe, keinen Winterschlaf. Für diese Zeit werden eifrig Vorräte gesammelt und überall versteckt.

Nistplatz in sicherer Höhe: die Höhle in einer Astgabel

Immer wieder wachen sie dann auf und suchen danach. Die meisten Vorratslager werden allerdings vergessen – was der Natur gleichzeitig hilft. Denn die verbuddelten Samen können so in Ruhe zu neuen Pflanzen auskeimen – in denen sich wiederum Eichhörnchen ansiedeln können.

Blick in die Kinderstube

Ihre Nester bauen Eichhörnchen in alten Baumhöhlen und Vogelnestern. Sie werden kunstvoll ausgelegt mit Moosen, Blättern und Gras. Darin bringt das Weibchen ein- bis zweimal im Jahr

seine zwei bis fünf blinden Jungen zur Welt. Sie werden etwa drei Monate lang gesäugt.

Als Babys noch possierlicher: junge Eichhörnchen

Insekten

Keine andere Klasse von Tieren hat so viele Arten hervorgebracht wie die Insekten: etwa eine Million sind bekannt. Man schätzt aber, dass sich mindestens noch mal so viele unentdeckte Insektenarten auf unserer Erde tummeln. Sie sind deutlich in Kopf, Brust und Hinterleib gegliedert und haben sechs Beine.

Zwei Arten Marienkäfer schwirren bei uns umher: Käfer mit zwei Punkten und mit sieben Punkten.

Kein Ort, an den die Insekten nicht vorgedrungen sind: Polargebiete, Tropen, Süß- und Salzwasser, heiße Quellen.

Ein gefürchteter Schädling: der Borkenkäfer

Manche haben sich sogar auf uns Menschen spezialisiert, z.B. Milben, Läuse und Flöhe. Andere lieben vor allem den süßen Saft der Blumen. Und natürlich besiedeln Insekten auch Bäume. Hier trifft man auf eine Vielzahl von Käfern.

Käfer

Käfer sind die Panzer unter den Insekten – kräftig und stabil gebaut.
Ihr Markenzeichen sind die verdickten Vorderflügel, die wie zwei dicke Schutzklappen über einem zarten, durchsichtigen Flügelpaar liegen. Im Flug strecken sie das feste Flügelpaar zur Seite. Bei der Landung werden die Hinterflügel wieder zusammengefaltet und von den Vorderflügeln bedeckt.

Borkenkäfer

Der Borkenkäfer zählt zu den Schädlingen. Zwar besiedelt er eigentlich nur kranke Bäume. Doch darin vermehrt er sich so stark, dass er später auch gesunde Bäume schädigt. Er bohrt sich unter die Rinde bis tief ins Holz hinein. Die verschiedenen Arten befallen häufig Fichten, Kiefern und Lärchen.

Hirschkäfer

Dieser Käfer tummelt sich in Laub- und Mischwäldern. Dort saugt er Säfte, die aus Rindenspalten hervorquellen. Hirschkäfer können nicht fliegen.

Jäger der Nacht

Es ist Nacht geworden. Doch richtig dunkel ist es nicht. Der Vollmond taucht den Wald in ein gespenstisches Licht. Peter sitzt immer noch auf der breiten Astgabel in der Baumkrone und wartet auf tierischen Besuch.

„Ganz andere Geräusche als am Tag", bemerkt er und spitzt die Ohren. „Na ja, sind ja auch andere Tiere unterwegs als am Tag. Einige habe ich schon gesehen."

Fledermäuse zum Beispiel. Zunächst hat Peter noch an Schwalben gedacht. Doch die flinken Flugbewegungen, die er gegen den Himmel erkennen kann, lassen keinen Zweifel. Hier sind Fledermäuse unterwegs. Tiere, die auch ohne das geringste Licht ihren Weg finden. Angst hat Peter vor ihnen nicht. Zwar kennt er all die schaurigen Geschichten um Blut saugende Vampire, doch diese kleinen Flattermänner hier fressen Insekten. Und nichts anderes.

Wen Peter noch erwartet in dieser Nacht? Er weiß es selber nicht genau. Doch die Fledermäuse sind sicher nicht die Einzigen, die ihre Jagd in die Nacht verlegt haben. Peter kontrolliert noch einmal seine alte Kamera. Die hat zwar keine Automatik und auch kein Blitzlicht, aber sie kann etwas anderes: Wenn man sie ganz ruhig hält, kann

man mit handgesteuerter Verschlusszeit sogar bei Mondlicht knipsen.

Und genau das wird Peter in dieser Nacht mehr als einmal tun.

Nacht im Wald

Braune Langohrfledermaus im Tagesversteck

Mit dem Wechsel der Tageszeit wechseln auch die Lebensbedingungen. Nachts sind andere Spezialisten unter

Fledermaus

Die meisten Fledermäuse sind winzig klein – manche wiegen nicht mal fünf Gramm. Tagsüber verschanzen sie sich am liebsten zum Schlafen in Höhlen, Bäumen oder Speichern. Dabei hängen sie kopfüber an Decken oder Ästen. Erst wenn es dunkel wird, gehen sie auf Beutefang. Im Flatterflug stürzen sie sich dann zielsicher auf Nachtfalter und Mücken. Wie kann das sein?
Fledermäuse müssen erstaunlich gute Augen haben – dachte man lange Zeit. Wie sonst sollten sie ihre rasanten Flugmanöver planen?

Peilung per Ultraschall

den Tieren gefragt. Wer sich bei Tag noch gut verteidigen oder ernähren konnte, der kann nachts schnell zur Beute werden. Eulen, Katzen und Fledermäuse sind jetzt unterwegs. Sie alle sind speziell auf das Nachtleben eingestellt. Hier erlebst du einen Streifzug durch den nächtlichen Wald.

Vor 200 Jahren aber machte ein forschender Mönch eine erstaunliche Entdeckung: Fledermäuse sehen mit den Ohren, behauptete er. Und er konnte es beweisen – mit einem Trick: Er spannte Seile durch einen dunklen Raum, blendete die Tiere und verband ihnen die Augen. Doch wie von

40

Geisterhand gesteuert, flogen sie trotzdem zielsicher an den Leinen vorbei. Dann stopfte er ihnen Stöpsel in die Ohren. Und plumps: Die Tiere fielen zu Boden. Sie stießen überall an.

Heute weiß man, dass Fledermäuse Ultraschall-Schreie ausstoßen. Wir können diese hohen Töne mit unseren Ohren nicht hören, aber die Fledermäuse können es. Ihre Schreie werden von Gegenständen, Bäumen und anderen Tieren zurückgeworfen: Es gibt ein Echo. Hört die Fledermaus dieses Echo, kann ihr Gehirn blitzschnell daraus schließen, was sich da wo vor ihr befindet, ein Hindernis oder ein Beutetier. So sehen Fledermäuse mit den Ohren.

Fledermäuse halten Winterschlaf. Auch dabei baumeln sie an Decken. Um nicht herunterzufallen, haben sie an allen fünf Zehen der Hinterhände Krallen – damit haken sie sich fest.

Neben den Flughunden sind sie die einzigen Säugetiere, die aktiv fliegen können. Beide Arten sind aber weder mit Mäusen noch Hunden verwandt.

Blick in die Kinderstube

Fledermäuse bringen wie fast alle Säugetiere lebende Junge zur Welt. Diese sind bei der Geburt blind und nackt. Nach rund sechs Wochen starten sie die ersten unsicheren Flugversuche.

Bitte gut festhalten: Zweifarbfledermaus mit Jungen unter den Flügeln

Tagsüber im Verborgenen dämmernd: die Schleiereule

Eule

Eulen jagen ihre Beute in der Dämmerung und nachts. Tagsüber sitzen sie meist verborgen zwischen Ästen und Zweigen in den Bäumen. Sie haben ein sehr gutes Gehör und scharfe Augen. Die Augen sind allerdings fast unbeweglich. Dafür können diese Vögel ihre Köpfe um 270 Grad drehen, also fast einmal im Kreis herum. Schnäbel und Greiffüße sind denen von Greifvögeln ähnlich: Der Schnabel ist wie ein Haken nach unten gebogen und vorne zugespitzt; an den Füßen sitzen nach hinten gebogene scharfe Krallen.

Eulen ernähren sich ausschließlich von lebender Beute. Aas fressen sie nicht.

Ihre Flügel mit dem seidenweichen Gefieder schwingen lautlos auf und ab. Ein entscheidender Vorteil bei der Jagd – durch den sie ihre Beute überrumpeln.

Eulen legen wie alle Vögel Eier. Bei einigen Arten verlassen die Jungen das Nest, bevor sie fliegen können. Sie sitzen dann flugunfähig und bettelnd in Ästen und Zweigen. Oft werden sie noch mehrere Monate von ihren Eltern versorgt. In dieser Zeit bezeichnet man sie als Ästlinge.

Schleiereule

Die Schleiereule lebt selten im Wald, sondern überwiegend in Siedlungsgebieten. Sie nistet in Kirchtürmen, Scheunen und Dachböden. Die Jungen betteln typisch „schnarchend".

Uhu

Der Uhu ist der größte Eulenvogel in Europa und baut sein Nest in Felswänden nahe am Wald. Er

Erkennbar an seinen „Federohren": der Uhu

jagt Mäuse, Igel, Hasen, Vögel, Insekten, Amphibien und gelegentlich Fische. Nicht immer verlassen die Jungen als Ästlinge das Nest. Dumpf und durchdringend erschallt das „Hu-hoo".

Waldkauz

Der Waldkauz bewohnt lichte Wälder und Gehölze mit vielen Höhlen. Er verteidigt sein Revier und reißt Kleinsäuger, Vögel und Frösche. Die Jungen verlassen als Ästlinge das Nest. Er ruft stark vibrierend: „Hu-u, hu-u-u".

Noch im Babygefieder: junger Waldkauz

Tiere im Wildpark

Im Clubhaus des Bärstädter Naturschutzbundes herrscht aufgeregtes Treiben. Alle Teilnehmer des Wettbewerbes haben sich zur Preisverleihung eingefunden. Peter und Herr Paschulke sind natürlich auch dabei.
Der Vorsitzende des BÄNABU kommt mit einer wichtigen Liste und einem ebenso wichtigen Gesicht hereinmarschiert. „Meine Damen und Herren, liebe Teilnehmer des Wettbewerbs!", ruft er. „Wir kommen nun zur Bekanntgabe der Gewinner."
Die Menschen im Saal murmeln ungeduldig. Endlich geht es los.

Den ersten Preis gewinnt der Fotograf des Bildes ‚Fuchs im Bau'. Er hat es mit einer raffinierten Minikamera aufgenommen, wie sie auch Ärzte bei Operationen verwenden. Alle sind sich einig: Das ist der verdiente Sieger.
Auch der zweite Preis wird heftig beklatscht. Er wird vergeben für das Foto ‚Ringelnatter auf der Jagd'.

„Und der dritte Preis", verkündet der Vorsitzende, „geht an das Foto ‚Wildschwein im Mondschein'."
Das hätte Peter nicht erwartet. Das ist sein Bild! Mit Onkel Willis Uraltkamera ist ihm im Mondlicht ein Foto mit besonderem Charme gelungen.
Die Menge applaudiert.
Nur Herr Paschulke ist zerknirscht. Zurück im Elchwinkel, rückt er schließlich heraus mit der Sprache: „Nichts gegen Ihr Wildschweinbild, Herr Lustig. Aber eigentlich hätte ich doch wohl auch einen Preis verdient. Schließlich habe ich Wölfe fotografiert!"
Peter lächelt. „Ja, ja. Nur leider ist der Jury das Stückchen Zaun auf Ihrem Foto aufgefallen. Und der Papierkorb mit der Aufschrift ‚Wildpark Bärstadt'. Sie haben geschummelt, Herr Nachbar."
Paschulke gibt es verlegen zu. „Na ja, ein bisschen. Aber faszinierende Bilder sind es doch trotzdem, oder?" Peter nickt. „Das stimmt. Sind ja auch faszinierende Tiere."

43

Im Wildpark

Bären und Wölfe sind hierzulande leider nur noch in Wildparks zu entdecken Der Grund: Der Mensch hat diese großen Raubtiere aus den Wäldern verdrängt – aus Angst. Überlieferte Märchen vom „bösen Wolf" und „gefräßigen Bär" haben ihren Ursprung in einer althergebrachten Furcht.

In Wirklichkeit aber meiden diese Tiere den Menschen. Viele Wildparks züchten heute neben Wildschweinen auch Bären, Wölfe und Luchse – mit großem Erfolg. Einige kommen sogar wieder in die Natur zurück – in streng geschützte Waldregionen.

Wolf

Wölfe sind sehr gesellige Tiere und leben in Rudeln zusammen. In diesen Gruppen gibt es eine deutliche Rangfolge: Der Leitwolf ist der Boss und führt die Gruppe. Männchen und Weibchen fechten jeweils unabhängig voneinander ein Rangsystem aus. Die Tiere sind dabei nicht zimperlich: Sie gehen oft zu mehreren aufeinander los und beißen sich. Es geht schließlich um viel: Nur die Ranghöchsten paaren sich. Vor allem während der Paarungszeit (Spätherbst bis Spätwinter) kann man die erbosten Kämpfe daher häufig beobachten.

Der Lebensraum bestimmt die Fellfarbe: Grauwolf und Polarwolf

Das Alphatier, Chef des Grauwolf-Rudels

Die Unterlegenen räumen das Feld – und verlassen oft das Rudel. Sie schließen sich anderen Gruppen an oder rotten sich mit anderen Rumtreibern zusammen. So kommt es auch immer wieder vor, dass Wölfe alleine die Landschaft durchstreifen.

Wölfe haben sehr gute Nasen und Ohren.

Geregelte Kämpfe entscheiden, wer das Sagen hat.

44

Wenn Wölfen zum Heulen ist

Treffen zwei Wolfsrudel aufeinander, liefern sie sich einen erbitterten Kampf. Nicht selten bleiben danach tote Tiere zurück. Das Zusammentreffen birgt also ein hohes Risiko für beide Seiten. Daher markieren Wölfe mit Duftmarken ihre Reviere – vor allem im Grenzgebiet zweier Territorien. So wollen sie deutlich zeigen, dass dieses Gebiet vergeben ist. Dennoch kommt es gelegentlich vor, dass zwei Rudel aufeinander stoßen. Denn keine Gruppe weiß ständig genau, wo die andere gerade unterwegs ist und in welche Richtung sie zieht.

Ein schneller und wirkungsvoller Schutz dagegen ist das Geheul. Wenn alle Mitglieder einer Gruppe ihre Stimmen vereinen, ist es sogar zehn Kilometer weit zu hören.
Die Rudel wissen dann genau, wo sich die anderen befinden – und können den Zusammenstoß vermeiden. Außerdem stärkt das Geheul das Gemeinschaftsgefühl einer Gruppe. Etwa so wie bei Sportfans, die gemeinsam anfeuern und singen.
Dennoch: Wölfe heulen sehr viel seltener, als wir glauben – nur rund einmal in zehn Stunden. Warum?
Dem Gegner zu verraten, wo man sich befindet, ist gleichzeitig sehr gefährlich: Angriffe sind möglich. Forscher haben mehrfach beobachtet, dass Rudel gezielte Überfälle starten. Dabei wird der Gegner getötet und zerschlagen. Sein Territorium wird eingenommen.
Schallt das Heulen eines Rudels durch den Wald, gerät der Wolf jedes Mal in eine heikle Lage: Antworten und das Revier verteidigen – mit der Gefahr überfallen zu werden? Oder Rückzug – und damit vielleicht das eigene Territorium aufs Spiel setzen? Wenn das nicht zum Heulen ist ...

Blick in die Kinderstube

Zur Geburt ihrer Jungen zieht sich die Wolf-Mutter meist in eine Höhle zurück. Dort bringt sie 4-7 blinde und hilflose Geschöpfe zur Welt. Nach vier Wochen verlassen die Jungen ihren Unterschlupf. Das ganze Rudel kümmert sich um sie. Sie werden geleckt und gesäugt. Am liebsten aber spielen die Jungen untereinander.

Im Spiel lernen die Wolfswelpen Sozialverhalten und Jagdfertigkeiten.

Der Wolf war einst in ganz Europa, Asien und Nordamerika verbreitet. Er ist der „Urvater" aller europäischen Hunderassen – ein Wildhund sozusagen. Wahrscheinlich bereits vor rund 12 000 Jahren haben sich die ersten Wölfe dem Menschen angeschlossen. Immer wieder schlichen sie in seiner Nähe herum, um Speisereste zu ergattern. Irgendwann hat dann der Mensch das Tier gefüttert und bei sich aufgenommen – und Hunderassen daraus gezüchtet.

Hier wird Verständigung gelernt – für Rudeltiere wie Wölfe überlebenswichtig.

Die Angst des Menschen vor dem Wolf hat folgenden Grund: Je weiter sich der Mensch auf der Erde ausgebreitet hat, desto weniger Platz hat er dem Wolf gelassen. Gleichzeitig gingen Menschen auf Jagd: Rehe, Hirsche und andere Tiere wurden erlegt – alles Beutetiere auch von Wölfen. Zusammenstöße wurden unvermeidlich. Denn für die tierischen Räuber blieb immer weniger Platz und immer weniger Nahrung. Also drangen sie bis in Siedlungen vor. Dort rissen sie Schafe, Ziegen und Hunde. Die Angst vor dem „bösen Wolf" ging um …

Es ist aber nicht bekannt, dass jemals ein Wolf einen Menschen gefressen hätte.

Heute ziehen Wölfe aus Südeuropa kommend allmählich wieder in unsere Wälder ein.

Wildschwein

Wildschweine bevorzugen große Waldgebiete mit dichtem Unterholz. Selbst durch dorniges Gestrüpp brechen die gewaltigen Tiere mit dem rauen, graubraunen Fell ohne Probleme. Ein ausgewachsenes Männchen wiegt bis zu 200 Kilogramm.

Sumpfig und feucht mögen Wildschweine es am liebsten, denn sie wälzen (suhlen) sich gern im Schlamm. Diese „Sauerei" ist ein wirksamer Schutz gegen Schmarotzer: Wird die getrocknete Erdkruste am nächsten Baumstamm wieder abgescheuert, reißt das auch die Insekten aus dem Fell heraus.

Den Tag verschlafen die Schweine meist in ihrer moos- und laubgepolsterten Erdkuhle (Kessel). Erst in der Dämmerung werden sie aktiv. Im Sommer futtern sie vor allem Pilze, Farne, Wurzeln und Feldfrüchte. Im Winter suchen sie nach Eicheln, Kastanien, Bucheckern und Haselnüssen. Aber auch kleine Tiere verschlingen sie, wann immer sie diese schnappen können: Mäuse, Vögel und deren Eier, Frösche, Kröten, Molche, Würmer und Schnecken. Wildschweine hinterlassen sehr viele Spuren im Wald: Abgeriebene Baumstämme, angefressene Rinde, ausgewühlte Erdkuhlen und zerbrochenes Unterholz.

Bache mit zwei Jungen auf der Futtersuche

Blick in die Kinderstube

Die Bachen (weibliche Schweine) bringen im April/Mai fünf bis zehn Frischlinge zur Welt. Ihr Nestkessel ist gut versteckt und schön ausgepolstert. Das Weibchen verlässt ihn immer nur kurz zur Nahrungssuche. Den ganzen Tag stillt sie ihre Jungen. Die Frischlinge haben ein typisches, braunes Fell mit weißen Streifen.

Oft schließen sich benachbarte Bachen mit ihren Jungen zusammen. Stirbt eine Mutter, zieht die andere die verwaisten Kleinen mit ihren eigenen groß.

Frischlinge können unterschiedliche Fellfärbungen haben.

47

Kleines Tierlexikon

Aas: tote verwesende Tierkörper, auch Kadaver genannt.

Amphibien: auch Lurche genannt. Bilden eine Klasse von Wirbeltieren. Hierzu zählen Frösche, Kröten, Molche und Salamander. Ihre Haut ist (immer) glatt und feucht. Sie trägt weder Haare noch Schuppen. Meist eierlegend mit weichen Schalen. Entwickeln sich erst im Wasser und leben später an Land. Lurche sind wahrscheinlich in Millionen Jahren aus den Fischen hervorgegangen. Wechselwarme Tiere.

Art: bezeichnet Tiere, die fähig sind Junge zu zeugen, die auch ihrerseits Nachkommen bekommen können. Maultiere zum Beispiel bilden keine Art. Sie sind aus den beiden Arten Pferd und Esel gezeugt, können aber keine Nachkommen gebären.

Fische: die wohl älteste Klasse der Wirbeltiere. Fische atmen über Kiemen und sind wechselwarm. Die meisten Fische legen Eier.

Gleichwarm: Wirbeltiere, die ihre Temperatur stets gleich hoch halten (Vögel und Säugetiere mit Mensch). Der Mensch hat etwa 36,5 Grad Celsius.

Kessel: Nest, in dem Tiere ihre Jungen zur Welt bringen. Unterirdisch etwa bei Fuchs und Maulwurf. Oberirdisch zum Beispiel bei Wildschweinen.

Reptilien: auch Kriechtiere genannt. Klasse von Wirbeltieren mit Schlangen, Echsen, Schildkröten und Krokodilen. Tragen oft eine schuppige Haut und legen meist Eier, mit harten Schalen. Kriechtiere haben sich wahrscheinlich aus den Amphibien entwickelt.

Säugetiere: Klasse von Wirbeltieren, zu denen auch der Mensch gehört. Säugetiere sind gleichwarm. Sie tragen fast immer ein Fell. Ihre Jungen kommen (von wenigen eierlegenden Ausnahmen abgesehen) lebend und mehr oder weniger stark entwickelt auf die Welt. Danach werden sie von den Muttertieren gesäugt.

Vögel: Klasse von Wirbeltieren, die alle Federn tragen. Aber nicht alle können auch fliegen. Fast alle legen Eier mit harten Schalen. Gleichwarme Tiere.

Wechselwarm: Wirbeltiere, die ihre Temperatur nicht gleich halten (Amphibien, Reptilien, Fische): Sie „tanken" sich im Sommer und am Tage auf, um den Winter und die Nacht zu überstehen. Verfallen in Winterstarre. Verstecken sich dazu im Schlamm von Gewässern oder an warmen Plätzen wie z.B. Scheunen.

Winterruhe: Zeit, in der sich Säugetiere, etwa Bären, zurückziehen. Ähnelt mehr einem langen „normalen" Schlaf (vergleiche Winterschlaf). Gründe für die Trägheit im Winter sind Kälte und wenig Nahrung.

Winterschlaf: Sehr viel strengerer Rückzug ins Versteck als bei Winterruhe. Alle Körperfunktionen laufen auf „Sparflamme": Die Körpertemperatur wird stark gesenkt. Auch die Atmung wird gedrosselt. Tiere zittern sich Frühjahr warm.

Winterstarre: Verhalten wechselwarmer Tiere, die im Winter ihre Körperfunktionen stark herunterschrauben und in Verstecken verharren.

48

Remo Trerotola

Kraftstoff Essen

Was stark macht und schmeckt

Bildnachweis

avenue images GmbH/Pixtal (S. 39)
GeekPhilosopher (S. 6 re. o., S. 7 li., S. 32 li. o.;
Photo courtesy of GeekPhilosopher.com –
your premier source for free stock photos)
ID image direkt (S. 13 Mi., S. 43 li. Mi.)
Irisblende (S. 9 re. u.)
PantherMedia (S. 32 Mi.)
PixelQuelle (S. 6 li. Mi., S. 7 re., S. 23 li. u. und re. Mi.)
STOCKFOOD (S. 9 li. Mi., S. 45, S. 46, S. 47)
US Agricultural Research Service (S. 11, S. 13 re. u., S. 14,
S. 21 alle, S. 22 alle, S. 23 re. o., S. 31 beide, S. 43 u. Mi., S. 44)
USDA Online Photography Center/Peggy Greb (S. 6 re. u.)
Wikipedia (S. 9 re. o., S. 41 alle)
ZDF und Studio TV, Berlin (S. 8 u., S. 16, S. 20, S. 40, S. 42)

Inhaltsverzeichnis

Ein halbes Schwein im Keller 4

Eine tolle Knolle 8

Kraftpaket aus dem Backofen 12

Meterweise Nudeln 16

Alles aus dem Garten 20

Eine zuckersüße Überraschung 24

Ein Blick in den Stall 30

Tierisch gesund: Milch 36

Die wilde Apotheke 40

Internationale Küche 42

Kleines Lexikon der Ernährung 48

Ein halbes Schwein im Keller

Peter Lustig genießt sein Frühstück und den herrlichen Sommermorgen. Ein strahlend blauer Himmel spannt sich über Bärstadt und eine leichte Brise durchzieht den Garten. „Angenehm, dieser Duft von frischem Gras in der Morgenluft", murmelt Peter und beißt ins Brötchen. Doch dann verzieht er die Nase. Eine fettige Rauchschwade wabert aus Richtung des Gartenzauns heran. „Seltsam", wundert sich Peter, „das kann doch nicht schon wieder der Nachbar sein? Das ist nun schon der dritte Tag, an dem aus seinem Garten irgendwelche Rauchfahnen aufsteigen – und das schon früh am Morgen." Neugierig geht Peter zum Gartenzaun. Die Rauchschwaden verdichten sich. Und mittendrin steht Nachbar Paschulke am Grill und hantiert mit der Wurstzange. „Ach, guten Morgen, Herr Lustig!", begrüßt er Peter. „Möchten Sie auch ein Schnitzel? Oder vielleicht ein saftiges Stück Schweinebauch?" „Zum Frühstück?", fragt Peter erstaunt. „Danke. Lieber nicht." „Warum denn nicht?", wundert sich der Nachbar. „Ich könnte für ein leckeres Kotelett manchmal sogar nachts den Grill anschmeißen." Mit Appetit macht er sich über ein gewaltiges Schnitzel her. „Und das machen Sie schon seit Tagen?", fragt Peter fassungslos. „Nur gegrilltes Fleisch? Morgens, mittags, abends?" „Na, wenn man so ein Angebot bekommt", erklärt der Nachbar kauend. „Da muss man doch zugreifen. Kommen Sie mal mit in den Vorratskeller. Ich zeig Ihnen was."

Peter folgt seinem Nachbarn ins Haus und in den Keller. Dort hängt an einem Haken – ein halbes Schwein. „Na, was sagen Sie?", fragt Paschulke mit leuchtenden Augen. „War ein Supersonderangebot. Praktisch geschenkt. Da konnte ich einfach nicht widerstehen." Peter schüttelt den Kopf. „Aber das reicht ja ein halbes Jahr! Selbst, wenn Sie jeden Tag Schweinefleisch futtern." Paschulke nickt begeistert. „Eben!" Sie steigen die Kellertreppe wieder hinauf. Doch plötzlich gerät der Nachbar ins Wanken. „Herr Lustig, warten Sie mal", japst er. „Ich muss mich setzen. Mir ist irgendwie – schwindelig." Ächzend sackt er auf der Treppe zusammen. „Sieht nach einem Schwächeanfall aus", murmelt Peter, während er dem Nachbarn ein Glas Wasser einflößt. „Schwächeanfall? Das kann nicht sein", beharrt der. „Ich esse doch nun wirklich gut und reichlich." „Reichlich bestimmt", entgegnet Peter. „Aber gut? Wenn man tagelang nur dasselbe futtert, ist doch klar, dass der Körper irgendwann schlappmacht. Die Abwechslung macht's, Herr Nachbar. Auch beim Essen!"

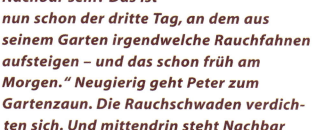

Auf die Mischung kommt es an

Eine gesunde Mischung – die brauchen wir besonders beim Essen. Von allem etwas, von nichts zu viel. Denn weder Fleisch, Fisch, Gemüse oder Pudding enthalten alles, was unser Körper benötigt. Um gesund und fit zu bleiben, müssen wir also von allem etwas essen. Außerdem macht es keinen Spaß, immer dasselbe zu essen, stimmt's?

Warum wir essen

Ist doch eigentlich ganz klar, könnte man meinen: Wir essen, weil wir Hunger haben. Diese einfache Antwort führt allerdings zu der Frage: Wieso haben wir Hunger?

Mit dem Gefühl von Hunger verrät uns unser Körper: Ich brauche Nachschub, also Nahrung. Denn Nahrung liefert Energie. Und die benötigen wir, um uns zu bewegen, also etwa zum Spielen, zum Laufen oder zum Schreien. Das ist so ähnlich wie beim Auto: Ohne Benzin läuft da nichts.

Vor allem Kinder benötigen viel Energie, denn sie wachsen ja noch. Mit dem, was man isst, vergrößert der Körper nämlich Knochen, Haut und Organe. Das macht er, indem er die Nahrung zunächst in winzige Bausteine zerlegt, und zwar im Mund, Magen und Darm. Anschließend werden die gewonnenen „Einzelteile" im Blut transportiert und dort eingesetzt, wo sie gebraucht werden, zum Beispiel beim Aufbau von Knochen oder Haut. Diesen Vorgang nennt man Stoffwechsel.

Energie braucht der Körper aber auch zum „Heizen". Denn er funktioniert nur bei einer bestimmten Temperatur richtig gut – etwa 37 Grad Celsius. Steigt die Körpertemperatur über diesen Wert, haben wir Fieber, sinkt sie darunter, kühlen wir aus.

Isst ein Mensch zu wenig, fehlt ihm Energie. Er fühlt sich ständig schlapp und müde. Und weil die „Heizung" nicht richtig funktioniert, friert er schnell. Isst ein Mensch zu viel, speichert sein Körper die nicht verbrauchte Energie als Fett. Er legt Gewicht zu und wird dick. Übergewicht macht ebenfalls schlapp und müde.

Um fit zu sein, kommt es also darauf an, nicht zu viel und nicht zu wenig zu essen – und von allem etwas.

Warum wir trinken

Unser Körper besteht zu rund zwei Dritteln aus Wasser. Mit jeder Aktivität verlieren wir allerdings Flüssigkeit: etwa wenn wir schwitzen, aufs Klo gehen, weinen und sogar mit jedem Atemzug. Diesen Verlust gleichen wir aus, indem wir jeden Tag trinken. Aber auch unsere Nahrung enthält teilweise sehr viel Wasser, zum Beispiel Suppen, Soßen, Obst und Gemüse.

Die Bausteine unserer Nahrung

Eiweiß, Fett und Kohlenhydrate (sprich: Kohlenhüdrate) – das sind die drei wichtigsten Bausteine, in die unser Körper unsere Nahrung zerlegt. Das passiert in Magen, Darm und Mund. Außerdem gewinnt er mit der Nahrung Vitamine, Mineralstoffe und natürlich Wasser.

Eiweiß

Haare, Haut, Fingernägel, Blut und Muskeln sind Beispiele für Bestandteile, die sich aus Eiweiß oder Protein (sprich: Prote-iin) zusammensetzen.

Wichtigster Lieferant für tierisches Eiweiß: Fleisch

Bekommt dein Körper zu wenig Protein, fühlst du dich schnell schlapp und ausgelaugt. Denn Proteine transportieren im Blut den Sauerstoff und formen sich zu kleinen Armeen gegen schädliche Fremdkörper.

Bunte Auswahl, die es in sich hat: Obst enthält Wasser, Kohlenhydrate und Vitamine.

Kohlenhydrate

Das knifflig klingende Wort Kohlenhydrate hat mit Kohle nichts zu tun. Es steht vor allem für Zucker in unterschiedlichen Formen, dazu gehört auch Stärke. Stärke findest du zum Beispiel im Brot. Unser Speichel spaltet sie wieder in Zucker. Das schmeckst du, wenn du Brot länger kaust – es schmeckt dann süß. Kohlenhydrate liefern Energie. Isst du mehr davon, als dein Körper verbraucht, setzt er die überschüssige Energie um in Fett.
Kohlenhydrate, also Zucker, stecken in Obst, Gemüse, Brot, Reis, Nudeln, Kartoffeln und in Limo, Kuchen, Keksen, Schokoriegeln.

Kraftpakete aus Kohlenhydraten und Eiweiß: Brot und Getreide

Eiweiß steckt nicht nur im Weißen von Eiern, sondern in vielen tierischen Nahrungsmitteln, wie Fleisch, Fisch, Milch, Käse und Joghurt. Kartoffeln, Bohnen, Erbsen, Soja, Nüsse, Getreide, Brot und Gebäck sind Beispiele für pflanzliche Eiweißquellen.

Fett

Auch Fett liefert Energie. In kleinen Mengen ist es lebensnotwendig. Zu viel davon macht allerdings dick und träge. Und: Nicht jedes Fett ist wertvoll für den Körper. Als Faustregel gilt: Pflanzliches Fett ist gesünder als tierisches. Denn unser Körper kann zum Beispiel Olivenöl besser verarbeiten als etwa Speck. Fetthaltige Nahrungsmittel sind Öl, Fleisch, Wurst, Fisch, Milch und Milchprodukte wie Butter sowie Margarine, Chips, Fritten, Schokolade, Pudding, Torten und Eis. Aber auch Obst und Gemüse können stark fetthaltig sein: Oliven, Nüsse und Avocados zum Beispiel.

Enthält reichlich Fett: der Hamburger

Vitamine

Vitamine heizen unserem Stoffwechsel so richtig ein: Sie bringen manche Vorgänge erst in Schwung oder sie geben das Startsignal für viele Prozesse. Baut der Körper etwa Haut, Knochen oder Zähne auf, dann führen sie das Kommando. Außerdem stärken Vitamine unsere Abwehrkräfte. Ein Mangel führt oft zu Krankheiten.
Die meisten Vitamine müssen wir mit der Nahrung zu uns nehmen – darunter das wichtige Vitamin C. Denn das kann unser Körper nicht selbst zusammensetzen.
Vitamine sind in zahlreichen Lebensmitteln enthalten: in Obst und Gemüse, in Milchprodukten, in Nüssen, Hülsenfrüchten und Getreide, in Fleisch, Fisch und Eiern.

Mineralstoffe

Der wichtigste Mineralstoff ist Kalzium, der Grundbaustein unserer Knochen. Besonders viel Kalzium können wir mit Milch, Eiern, Fleisch, Wurst und Fisch zu uns nehmen. Außerdem steckt es in Vollkornprodukten, Nüssen, Obst und Gemüse. Mineralstoffe kann unser Körper nicht selbst herstellen, wir müssen sie unbedingt mit der Nahrung aufnehmen.

In Zitrusfrüchten steckt viel Vitamin C.

Ballaststoffe

Diese Stoffe regen die Verdauung an. Außerdem schützen sie die Zähne vor Karies. Sie stecken vor allem in Vollkornprodukten, Obst, Gemüse und Nüssen.

Wasser

Vor allem Obst und Gemüse bestehen aus Wasser. Und natürlich decken auch Getränke, Milch, Joghurt und andere Milchprodukte den Bedarf an Flüssigkeit.

Eine tolle Knolle

„Sie meinen also, ich sollte mehr unterschiedliche Dinge essen, ja?", vergewissert sich Herr Paschulke. Er ist wieder auf den Beinen und löscht mit der Gießkanne die Grillkohle.
Peter nickt. „Ja, das könnte nicht schaden. Wir essen ja nicht nur, um satt zu werden. Wir müssen unserem Körper auch geben, was er braucht. Also Vitamine, Mineralstoffe ... Sie wissen schon."
„Daran habe ich gar nicht gedacht", gibt der Nachbar zu.
„Am besten, Sie bereiten alles frisch zu – so weit das eben geht", fährt Peter fort. „So bewahren Sie die Nährstoffe und Vitamine in der Nahrung."
Aber das ist leichter gesagt als getan für den Nachbarn. Er hat sich längst auf Fertiggerichte eingestellt: raus aus der Tiefkühltruhe, rein in die Mikrowelle und ab auf den Teller. Das geht schnell und ist praktisch.

„Ich weiß doch fast gar nicht mehr, wie das geht – das mit dem frischen Essen und so", gesteht er. „Hätten Sie vielleicht ein paar Rezepte für mich?"
Peter überlegt. „Ich mache Ihnen einen Vorschlag. Wir kochen drei Tage lang gemeinsam. Gesund und lecker. Und wo immer es geht, verwenden wir Sachen, die wir selbst gezogen und geerntet haben. Na, was sagen Sie?"
Paschulke weiß nicht so recht, was er davon halten soll. Klingt nach viel Arbeit. Doch als Peter ihn an seinen Schwächeanfall erinnert, schlägt er ein.
„Einverstanden. Und womit fangen wir an?"
Peter deutet auf seinen Garten: „Ich empfehle Kartoffeln aus eigenem Anbau. Ein bisschen Bewegung wird Ihnen auch gut tun. Also: An die Ernte!"

In der Kartoffel liegt die Kraft

Kraftvoll und vielseitig – Kartoffeln enthalten fast alles, was der Mensch zum Leben braucht: reichlich Kohlenhydrate in Form von Stärke, dazu Vitamine, Eiweiß, Mineralstoffe und Wasser. Nur: Fett gleich Fehlanzeige. Deshalb serviert man Kartoffeln gerne mit deftigen Soßen.

Kartoffeln für jeden Geschmack

Mindestens so unterschiedlich wie die vielen Bausteine in der Kartoffel sind die Ideen, die sich die Menschen für die Zubereitung von Kartoffeln ausgedacht haben: Kartoffeln kommen als Salz-, Pell- und Bratkartoffeln oder als Kartoffelbrei auf den Tisch. Sie schmecken aber auch als Knödel, Puffer, Pommes, Kroketten, Rösti, Suppe, Salat, Folienkartoffeln, Chips, Gnocchi (sprich: Njocki), Ofenkartoffeln, Fingernudeln und Auflauf. Bestimmt fallen dir noch weitere Gerichte ein.

Über 100 Sorten

Mehr als 100 Sorten hat man aus der einst wilden Pflanze gezüchtet. Sie unterscheiden sich in Aussehen, Geschmack und Beschaffenheit. In Supermärkten werden meist nur zwei oder drei Sorten angeboten. Weit mehr Sorten bieten Gemüsemärkte an: etwa Sieglinde, Linda, Karolin, Desirée, Christa oder Laura. Neben diesen „Mädchen" gibt es Kartoffeln auch als Bamberger, Hörnchen oder Blauer Schwede.

„Familienfoto" mit zahllosen Verwandten

Kartoffel-Star(k)

Kartoffelstärke nutzt man auch in Brot, Soßen, Suppen, Kuchen, Gebäck, Pudding und Süßigkeiten. Und sogar in der Industrie: Sie macht Papier reißfester und sorgt dafür, dass Bastelklebstoff klebt. Sie ist Bestandteil von Waschmitteln und wird bei der Herstellung von Glasfaserkabeln als Bindemittel eingesetzt. Einfach stark!

Das Geheimnis der Peruaner

Die Heimat der Kartoffel liegt in Peru im Nordwesten Südamerikas. Schon vor rund 8000 Jahren hatten die Indios diese Pflanze dort entdeckt. Bestimmt haben sie sich zunächst über die unterirdischen Knollen gewundert. Irgendwer aber hatte mal den Mut, sie zu essen – und war begeistert: lecker. Und kraftvoll sind sie auch. Über siebeneinhalbtausend Jahre blieb das Wissen um die Kartoffel ihr Geheimnis. Vor rund 500 Jahren überfielen die Spanier auf der Suche nach Gold das Land und nahmen mit, was sie fortschaffen konnten. Auch Kartoffelpflanzen.

Die Kartoffel kommt nach Europa

Auf den Schiffen der spanischen Eroberer kam die exotische Pflanze nach Europa. Das Geheimnis der peruanischen Indios war damit aber noch nicht gelüftet. Ein paar mutige Zeitgenossen probierten zwar die Früchte der Pflanzen, doch die grünen Kügelchen, die sich aus den Blüten entwickeln, waren bitter und obendrein giftig.

Auf die Idee, die Knollen zu probieren, kam lange Zeit niemand. Und so hielt man die Kartoffel für eine Zierpflanze, die man lediglich wegen der wunderschönen Blüten anpflanzte.

Früchte des Teufels

Erst im 17. Jahrhundert entdeckten die Europäer, dass man die Knollen essen kann. Doch die Kirche vermutete Schlimmes: Was unter der Erde im Dunkeln wächst, das muss der Teufel persönlich in die Welt gesetzt haben! Deshalb riet sie dringend vom Verzehr der vermeintlichen Teufelsfrüchte ab.

Übrigens: Auch wenn die Knollen unter der Erde wachsen, gehören sie nicht zur Wurzel. Kartoffeln sind unterirdische Sprossknollen, sie sind also Teil des Stängels.

Die List des alten Fritz

Erst König Friedrich der Große, der „Alte Fritz", setzte dem unsinnigen Aberglauben Mitte des 18. Jahrhunderts ein Ende. Er ließ Kartoffeln anbauen und tagsüber von Soldaten bewachen. Das gab den Leuten zu denken: Was bewacht wird, muss wertvoll sein. Also klauten sie nachts die Kartoffeln von den Feldern.

Mit seiner List hatte der „Alte Fritz" Erfolg: Im ganzen Land sprossen plötzlich Kartoffelpflanzen. Gerade rechtzeitig. Denn als der „Siebenjährige Krieg" von 1756 bis 1763 zwischen Preußen und Österreich tobte, hätte eine schreckliche Hungersnot die Bevölkerung ereilt – wenn sich nicht vorher die Kartoffel verbreitet hätte.

Kartoffelstempel

Kartoffeln sind hervorragend für einfache Stempel geeignet. Denn sie lassen sich schnell und einfach bearbeiten. Im Handumdrehen entstehen aus weißen Papierbögen und braunen Pappen bunte Grußkarten und Geschenkpapier.

Du benötigst:
- Kartoffel
- Gemüsemesser
- Bleistift
- Plaka- oder Wasserfarbe
- Pinsel
- Papier
- Eventuell Ausstechförmchen

So wird's gemacht:

1. Wasche die Kartoffel und trockne sie ab.

2. Schneide sie vorsichtig in zwei Hälften. Wenn du mit einem Messer noch nicht sicher umgehen kannst, bitte einen Erwachsenen, dir zu dabei zu helfen.

3. Zeichne mit dem Bleistift ein einfaches Zeichen auf eine der Hälften: zum Beispiel einen Stern, ein Herz oder ein Dreieck.

4. Entferne mit dem Gemüsemesser die äußeren Flächen um dein Bild herum, mindestens einen Zentimeter tief.

Noch einfacher geht es mit einem Ausstechförmchen. Das drückst du in die Kartoffelhälfte und schneidest die Schicht außen herum ab. Anschließend ziehst du das Förmchen wieder heraus.

5. Nun brauchst du nur noch mit dem Pinsel etwas Farbe auf deine Form aufzutragen, und schon kannst du losstempeln.

Wenn der Abdruck auf dem Papier zu dünn wird, trägst du neue Farbe auf.

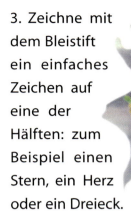

So schön blühen Kartoffelpflanzen.

Kraftpaket aus dem Backofen

Herr Paschulke sitzt am Zaun und stöhnt: „Puh, ganz schön anstrengend, die Kartoffelernte." Doch der Hunger treibt ihn an. Bald sind alle Kartoffeln geschält und geschnitten.
Peter füllt die frischen Kartoffelscheiben in eine Pfanne und setzt sie auf den Herd. Nach kurzer Zeit brutzeln die Kartoffeln vor sich hin. In einem Topf daneben blubbert Soße.
„Wie das duftet – köstlich." Paschulkes Lebensgeister sind wieder erwacht. Mit Messer und Gabel bewaffnet, kann er es kaum erwarten, dass endlich serviert wird. „Also wirklich, so etwas Gutes habe ich schon lange nicht mehr gegessen", schwärmt er mit vollen Backen. „Bratkartoffeln und Soße. Ich glaube, das könnte mir jeden Tag schmecken."
„Na, na, jetzt aber bloß nicht wieder übertreiben", schmunzelt Peter. „Das haben Sie doch vom Schweinefleisch auch gedacht."
„Stimmt, das hätte ich fast vergessen", erinnert sich der Nachbar. „Die Abwechslung macht's. Was gibt es denn eigentlich morgen zum Frühstück?"
Peter schüttelt amüsiert den Kopf. Der Nachbar schaufelt sich die vollen Gabeln in den Mund und denkt bereits ans Frühstück von morgen!
„Brot vielleicht?", entgegnet Peter.
„Ja. Mit Marmelade", stimmt Paschulke zu. „Oder Käse."
„Ganz wie Sie möchten. Wir müssen es nur noch backen."
„Was, selber backen?" Der Nachbar ist entsetzt. Erst recht, als er hört, dass er schon im Morgengrauen anrücken soll, damit das Brot zum Frühstück auch fertig wird. „Ist das wirklich nötig?"
„Ja, es ist!", entscheidet Peter. „Sie wissen ja: drei Tage ..." Paschulke fällt ihm ins Wort: „Frisch und selbst versorgt. Ja, ja, ich weiß."
Und so bleibt es dabei: Brot steht auf dem Speiseplan für den nächsten Morgen – selbst gebacken.

Was im Brot steckt

Mehl, Wasser und etwas Salz reichen bereits aus, um ein leckeres Brot zu backen. Dazu kommen Hefe oder Sauerteig, damit der Teig aufgeht und locker wird. Die unterschiedlichen Brotsorten entstehen, indem man weitere Zutaten wie Körner oder Gewürze hinzugibt.

Brot gibt es in vielen verschiedenen Formen.

Mehl

Mehl gewinnt man aus gemahlenen Getreidekörnern. Getreidesorten, die man in Deutschland viel verwendet, sind Weizen, Roggen, Gerste, aber auch Hafer, Dinkel und Buchweizen.
Das einfachste Mehl ist das weiße Mehl, auch Auszugsmehl genannt. Es besteht nur aus dem Inneren des Getreidekorns. Die Schale und der Keim des Korns, in denen Vitamine und Mineralstoffe stecken, werden beim Mahlen entfernt. So enthält weißes Mehl vor allem Stärke. Die macht satt und liefert dem Körper Energie. Vitamine und Mineralstoffe gehen allerdings verloren.

Trotzdem wird dieses „weiße" Brot gerne und häufig gegessen. Aus mehreren Gründen: Es hat kaum Eigengeschmack. Daher passt es zu jedem Aufstrich oder Belag: Wurst, Käse, Grillfleisch oder Salat. Seine weiße Farbe ist bei vielen Leuten sehr beliebt. Und schließlich ist es billiger als Vollkornbrot.

Triebmittel

Triebmittel sind Hefe und Sauerteig. Sie gären im Teig. Dabei bilden sie Gasblasen, und das Brot bekommt viele Löcher. Die dehnen den Teig auf, so dass er schön locker wird.
Hefe besteht aus winzigen Pilzen, die speziell als Triebmittel gezüchtet werden.
Sauerteig entsteht, wenn man ein Gemisch aus Mehl und Wasser einige Tage stehen und gären lässt. Viele Bäcker haben ein Geheimrezept für ihren Sauerteig, das sie hüten wie einen Schatz.

Das Korn ist reif: Jetzt wird gemäht.

Vom Korn zum Brei

Etwa 10 000 Jahre ist es her, dass Menschen begonnen haben, Getreide anzubauen. Anfangs hatte man die Körner roh verspeist. Doch weil Stärke so nur schwer verdaulich ist, müssen den Steinzeitmenschen die Körner eher wie Steine im Magen gelegen haben.

Irgendwann kamen findige Köpfe aber auf die Idee, die Körner zu rösten. Der Körper konnte sie besser verdauen und sie schmeckten besser.

Abwechslung war schon immer gefragt, auch in der Steinzeit: Also zerquetschte jemand die Körner zwischen Steinen und kochte sie in Wasser – der Brei war erfunden. Noch heute ernähren sich viele Menschen in Asien und Afrika von Brei aus Wasser und Getreidekörnern.

Verschiedene Getreidesorten

Vom Brei zum Brot

Wie das Brot erfunden wurde, lässt sich heute nicht mehr feststellen. Wahrscheinlich war es ein Missgeschick, bei dem sich Getreidebrei ins Feuer ergoss. Und siehe da: Der gebackene Brei war essbar und schmeckte sogar! Das Fladenbrot war erfunden.

Die Brotesser des Altertums

Mindestens 5 000 Jahre hat das Brot mittlerweile auf dem Buckel. Damals, im alten Ägypten, waren bereits 30 Brotsorten bekannt.

Brot in aller Welt

Brot wird rings um den Globus gegessen. Vor allem Fladenbrot, das auch ohne Triebmittel gebacken werden kann. Es dient in vielen ärmeren Gegenden als Grundnahrungsmittel. Jedes Land hat seine eigene Brotgeschichte. Viele Sorten aus fernen Ländern kennt man heute auch bei uns: Tortillas aus Mexiko, Reisbrot aus Asien, Baguette aus Frankreich, Pieta aus dem Balkan und Toast aus England. Auch die italienische Pizza ist nichts anderes als Fladenbrot, das erst belegt und dann gebacken wird. Und die Brezen aus Bayern sind ebenfalls Brot, auch wenn man das auf den ersten Blick nicht sieht.

Weltmeister im Brotessen

Ganz klar: Den Titel für den Weltmeister im Brotessen bekäme Deutschland. In keinem anderen Land werden so viele unterschiedliche Brotsorten zubereitet: über 300.

Back dir ein Brot

1. Gib das Mehl, die Trockenhefe, den Honig, das Salz und das lauwarme Wasser in eine Rührschüssel und verknete die Zutaten mit dem Handmixer zu einem festen Teig. Wenn der Mixer das nicht ganz schafft, musst du zum Schluss mit den Händen ran und kräftig kneten.

2. Nun muss der Teig eine Weile gehen. Dazu deckst du die Schüssel mit einem Tuch ab und lässt den Teig darin eine halbe Stunde ruhen.

3. Bestreue deine Arbeitsfläche mit etwas Mehl. Forme darauf den Teig zu einem kleinen Laib und schneide diesen oben mit einem Messer etwa einen Zentimeter tief ein. Setze den Laib auf das Blech, das du vorher mit Backpapier ausgelegt hast.

4. Decke den Teig wieder mit einem Tuch ab und lass ihn noch einmal eine halbe Stunde lang an einem warmen Ort gehen.

5. Schiebe das Blech in den vorgeheizten Backofen. Bei einem Elektroherd stellst du 200 Grad Celsius, bei einem Heißluftherd 175 Grad Celsius ein.

6. Etwa 40 Minuten später ist aus dem Teigklumpen ein knuspriges Brot geworden. Hole es aus dem Backofen und lass es abkühlen.

Warte mit dem Essen mindestens eine halbe Stunde. So lange gärt die Hefe nämlich noch – das verursacht Bauchschmerzen.

Du benötigst:
- *500 g Weizenvollkornmehl*
- *1 Tütchen Trockenhefe*
- *1 Teelöffel Salz*
- *1 Teelöffel Honig*
- *350 ml Wasser (lauwarm)*
- *Handmixer mit Knethaken*
- *Rührschüssel*
- *Backofen*
- *Backblech*
- *Backpapier*
- *Sauberes Geschirrtuch*

Meterweise Nudeln

Am frühen Morgen durchzieht der Duft von frischem Brot den Bauwagen. Die beiden Bäcker erwarten in Kürze das Ergebnis ihrer Mühe. „Ich habe geschlafen wie ein Murmeltier. Ihre Kartoffelpfanne war großartig", schwärmt Herr Paschulke. Er hat seinen Schwächeanfall offenbar gut weggesteckt – wenn er auch liebend gerne noch ein paar Stunden mehr im Bett verbracht hätte. Kurz darauf kommt der dampfende Brotlaib aus dem Ofen, braun gebrannt und herzhaft-würzig riechend. Paschulke beschnuppert ihn aufgeregt.
Nachdem Peter Marmelade, Eier, Wurst und Käse auf den Tisch gestellt hat, ist es endlich so weit: Das noch warme Brot wird angeschnitten.
„Wie das duftet!", jauchzt der Nachbar entzückt. Doch schon in der nächsten Minute denkt er weiter: „Was gibt's eigentlich heute Mittag zu essen?"
Peter traut seinen Ohren nicht. Gerade steht das Frühstück auf dem Tisch und schon denkt der Dicke wieder an die nächste Mahlzeit. „Herr Paschulke!"
„Na ja", meint der entschuldigend.

„Ich möchte mich doch nur schon mal auf die Arbeit einstellen, die da auf uns zukommt."
Aha, daher weht also der Wind. Peter schmunzelt und schlägt vor: „Wie wäre es mit Spaghetti mit Tomatensoße?"

„Fein. Mein Lieblingsessen – unter anderem", freut sich der Nachbar und reibt sich den Bauch. „Aber da werden wir wohl erst einmal einkaufen müssen."
Peter schüttelt den Kopf. „Wieso denn das? Tomaten wachsen doch hier im Garten, und die Nudeln machen wir natürlich selbst."
„Wie? Das geht?", fragt Paschulke ungläubig. „Ich dachte immer, Nudeln gibt es nur aus der Nudelfabrik?"
Peter grinst. „Wer Brot backen kann, bekommt auch Nudeln auf den Tisch."

Nudeln selbst gemacht

Du benötigst:
- *300 g Weizenmehl*
- *3 Eier*
- *Salz*
- *Olivenöl*
- *Wasser (lauwarm)*
- *Teigroller*
- *Teigrädchen oder Messer*
- *Topf und Kochlöffel*
- *Nudelsieb*
- *Plastikschüssel*

Fast alle Nudelsorten kann man ohne Geräte selbst herstellen. Du brauchst lediglich ein Teigrädchen oder ein Messer.

1. Siebe das Mehl so auf eine Arbeitsfläche, dass ein kleiner Hügel entsteht. In die Spitze drückst du eine tiefe Mulde.

2. Schlage die drei Eier nacheinander auf und lasse ihren Inhalt behutsam in die Mulde gleiten.

3. Gib einen Esslöffel Olivenöl und eine Prise Salz darüber.

4. Nun geht's ans Kneten. Dazu schiebst du von außen etwas Mehl über die Eier. Rühre es mit den Fingern ein. Dann arbeitest du mehr und mehr Mehl ein und knetest die Zutaten mit beiden Händen so lange durch, bis ein fester Teigkloß entstanden ist. Ist er zu fest, gibst du etwas Wasser hinzu; ist er zu dünn, hilft etwas Mehl. Das Ganze dauert etwa 10-12 Minuten.

5. Nun braucht der Teig Ruhe. Stülpe eine umgedrehte Schüssel über die Teigkugel und lass sie eine Stunde liegen.

6. Nach einer Stunde holst du den Teig hervor und knetest ihn noch einmal durch. Dann bestreust du deine Arbeitsfläche mit Mehl und rollst den Teig aus, etwa 2-3 Millimeter dick.

7. Den ausgerollten Teig schneidest du mit dem Messer (für glatte Ränder) oder mit dem Teigrädchen (für gezackte Ränder) in Streifen. So entstehen Bandnudeln. Natürlich kannst du deinen Nudeln aber auch ganz andere Formen geben. Die fertigen Nudeln legst du locker ausgebreitet zum Trocknen aus.

8. Nun hast du die Wahl: Willst du sie irgendwann später essen, lässt du sie so lange liegen, bis sie völlig getrocknet sind – so wie Nudeln aus der Tüte.

Möchtest du sie aber gleich essen, dann stelle einen Topf Wasser zum Kochen auf den Herd. Wähle die höchste Stufe für die Platte und gib eine Hand voll Salz in das Wasser. Sobald das Wasser kocht, schüttest du die Nudeln hinein und lässt sie etwa 2-3 Minuten kochen. Gieße anschließend den Topfinhalt ins Nudelsieb. Wenn das Wasser abgelaufen ist, kannst du sie servieren.

Nichts als Nudeln

Nudeln haben eine über 2 000 Jahre alte Geschichte, vor allem im heutigen Italien. Aber auch in Asien gibt es schon seit Jahrhunderten Nudeln. Sie werden jedoch meist mit anderen Zutaten hergestellt und schmecken anders als die europäischen.

Kein Wunder, dass in der langen Zeit bis heute die verschiedensten Rezepte und Formen entstanden sind. Nudeln werden auch Teigwaren und Pasta (so heißen sie auf Italienisch) genannt.

Nudeln aus Hartweizengries

Spaghetti

Der Klassiker aus Italien – und fast immer mit Tomatensoße. Dabei ist bis heute unklar, ob diese langen Fäden ursprünglich aus Italien oder China stammen.

Bandnudeln

Diese Nudeln gibt es in verschiedenen Breiten und Längen.

Tortellini

Auch diese Kringel stammen aus Italien, mit Fleisch, Käse oder Gemüse gefüllt.

Penne

„Einfache" Röhrennudeln, schräg angeschnitten und mit glatter oder gerippter Oberfläche.

Farfalle

Die „Schmetterlinge" unter der Pasta, wie auch ihr italienischer Name verrät.

Lasagne

(Sprich: Lasanje) Die rechteckigen Nudelplatten kommen meist als überbackener Auflauf auf den Tisch. Eine Spezialität aus Italien.

Nudeln aus anderen Zutaten

Spätzle

Eine Spezialität aus Süddeutschland. Spätzle werden aus Weizenmehl, Eiern und Wasser hergestellt. Das Außergewöhnliche an der Zubereitung: Der zähflüssige Teig wird auf ein Holzbrett gelegt und mit einem Messer Nudel für Nudel ins sprudelnde Wasser geschabt. Klar, dass dabei keine Nudel der anderen gleicht.

Maultaschen

Die großen Taschen aus Nudelteig mit einer Füllung aus Fleisch und Spinat sind ebenfalls in Süddeutschland zu Hause.

Udon

Die japanische Bandnudel aus Weizenmehl, Wasser und Salz wird in verschiedenen Breiten und Formen angeboten.

Glasnudeln

Diese „Nylonfäden" kommen aus China und werden vor allem in Suppen serviert.

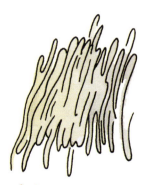

Reisnudeln

Ursprünglich aus Asien. Sie werden aus Reismehl hergestellt. Daher die auffallend helle Farbe. Sie sind als sehr schmale Bandnudeln und als Fadennudeln erhältlich.

Soba

Diese dünnen, braun-grauen Nudeln aus Buchweizenmehl sind fester Bestandteil der japanischen Küche. Manchmal auch mit grünem Teepulver angefärbt. Sie werden gerne kalt gegessen.

Alles aus dem Garten

Es ist Mittag und die Spaghetti stehen pünktlich auf dem Tisch. Dazu gibt es eine würzige Tomatensoße. „Sie sind doch wirklich ein Tausendsassa, Herr Lustig", strahlt Paschulke. „Selbst gemachte Spaghetti!"
„Wenn Sie mir beim Nudelmachen geholfen hätten, wüssten Sie jetzt sogar, wie das funktioniert", stichelt Peter und füllt seinen Teller.
„Das hätte ich ja auch zu gerne getan", verteidigt sich der Nachbar. „Aber jemand musste doch die Tomaten pflücken, für die Soße!"
„Vier Stunden Ernte für acht Tomaten?", lacht Peter. „Eine rekordverdächtige Leistung. Na, jedenfalls: Guten Appetit!"
Eine Zeitlang ist vom Bauwagen nichts als Schmatzen und Schlürfen zu hören. Dann ist alles aufgegessen.
Der Nachbar lehnt sich zufrieden zurück.

„Also wirklich, Herr Lustig, das waren die besten Spaghetti, die ich je gegessen habe! Sie sind ein Küchengenie!"
„Das aus Ihrem Mund, Herr Nachbar – also, das ehrt mich wirklich!", scherzt Peter.
„Aber wissen Sie, was uns noch fehlt? Eine ordentliche Portion Vitamine. Heute Abend machen wir Salat. Aus allem, was der Garten hergibt."
„Was? Schon wieder Gartenarbeit?!" Paschulke stöhnt.
„Ach, das ist doch ein Klacks! Sie sind doch schon im Training", beschwichtigt ihn Peter und schiebt ihn aus dem Bauwagen. „Und außerdem: Arbeit an der frischen Luft regt den Appetit an."
„An Appetit mangelt es mir eigentlich nie", murrt der Nachbar und trottet zum Gemüsebeet. „Grünfutter aus dem Garten! Als gäbe es keine Supermärkte!"

Obst und Gemüse

In fast allen Formen und Farben strahlen uns Obst und Gemüse entgegen. Die Palette ist so bunt wie vielseitig: wasserhaltige Orangen und Tomaten, vitaminreiche Kiwis und Aprikosen, ölhaltige Oliven und Avocados sowie energiereiche Kartoffeln und Bananen.
Außerdem enthalten Obst und Gemüse Mineralien und Ballaststoffe.
Um fit zu bleiben, sollte man fünf Portionen am Tag verzehren. Das fällt nicht schwer, denn auch ein Glas Obst- oder Gemüsesaft zählt als Portion.
Was genau in den Fitmachern steckt, verraten dir die nächsten Seiten.

Kiwis

Kiwis sind wahre Vitamin-C-Pakete. Außerdem sind sie gut für die Verdauung. Deshalb eignen sie sich gut als Nachspeise. Übrigens: Die Kiwi kommt ursprünglich aus China, nicht aus Neuseeland.

Bald sind die Aprikosen reif.

Apfel

„Ein Apfel pro Tag macht den Arzt überflüssig", besagt eine alte Volksweisheit. Schon vor 3 000 Jahren galt diese Frucht bei den Babyloniern als Heilpflanze.

Lecker: knackige Äpfel, saftige Kirschen

Aprikose

Die orangefarbenen Früchte enthalten viele Vitamine und stärken das Abwehrsystem. Getrocknet schmecken sie besonders gut.

Kirschen

Kirschen sind wichtig für Knochen und Wachstum – und gegen Stress. Nerven dich Schulaufgaben? Dann hilft dir eine Hand voll Kirschen, bevor es losgeht.

Zitrusfrüchte
Sauer und gesund – Orangen, Zitronen, Mandarinen, Klementinen, Pampelmusen und Grapefruits sind reich an Vitamin C und schützen vor Infektionen.

Bananen
Bananen sind richtige Energiebündel. Daher gilt vor allem für Jogger: kein Marathon ohne Bananen.

Mangos
Nahrung fürs Gehirn – das jedenfalls gilt in ihrer ursprünglichen Heimat Indien. Probier es aus: vielleicht vor der nächsten Klassenarbeit?

Johannisbeeren
Kleine Früchte mit großer Wirkung: Johannisbeeren stecken voller Vitamine und Mineralstoffe. Wahre Muntermacher.

Erdbeeren
Erdbeeren wirken ähnlich wie Kirschen – wichtig für Knochen und Wachstum. Außerdem enthalten sie reichlich Vitamin C.

Zitrusfrüchte werden gern zu Saft verarbeitet.

Pflaumen
Diese leckeren Früchte sind gut für Augen und Denkfähigkeit.

Besonders gut als Kuchenbelag: Pflaumen

Wassermelonen
Wassermelonen sind echte Wasserbomben. Sie bestehen nämlich bis zu 95 % aus Wasser.

Ananas
Die Ananas steckt voller Vitamine und Mineralstoffe. Christoph Kolumbus hat sie aus Amerika nach Europa gebracht.

Erdbeeren sind im Frühsommer die Stars.

Bohnen
Bohnen enthalten sehr viel Eisen. Das ist ein Grundbaustein unseres Blutes.

Karotten
Karotten sind gut für Augen und Haut. Um ihre Bausteine voll zu nutzen, sollte man sie immer mit etwas Fett verzehren, also ein wenig Käse, Milch oder Öl.

Weißkohl
Diesen Kohl essen wir roh als Salat oder gekocht als Sauerkraut. Er ist voll von Vitamin C.

Blumenkohl
Eine echte Vitamin-C-Bombe. Außerdem gut für Knochen und Wachstum.

International beliebt: Blumenkohl

Grünkohl
Ein richtiges Powerpaket mit viel Vitamin C. Und: ein echter Geheimtipp! Denn Grünkohl ist bei uns etwas in Vergessenheit geraten.

Tomaten
Tomaten sind gut für Gedächtnis und Kondition. Und ihr roter Farbstoff hält unsere Abwehr in Schuss.

Unverzichtbar für Spaghetti und Pizza: Tomaten

Rote Beete
Hoher Gehalt an verschiedenen Vitaminen. Wir essen sie zumeist als Salat.

Süßkartoffeln, Artischocken, Peperoni: Was hier nicht wächst, wird importiert.

Eine zuckersüße Überraschung

Noch immer durchkämmt der Nachbar auf der Suche nach Essbarem den Garten. Peter beobachtet ihn durch das Bauwagenfenster. „Ich glaube, der fleißige Nachbar hat mal eine kleine Belohnung verdient", murmelt er. „Ich sollte ihn heute Abend mit etwas Besonderem überraschen. Mit etwas Süßem. Aber dafür bräuchte ich noch ein paar Dinge."
Er geht hinaus in den Garten und bittet den schwitzenden Nachbarn, auch noch ein paar Kirschen zu pflücken. „Was denn noch?", keucht der Dicke, aber Peter ist schon unterwegs. „Die Leiter steht hinter dem Bauwagen!", ruft er noch und ist mit flottem Schritt verschwunden.

Am frühen Abend sitzen die beiden wieder im Bauwagen zusammen. Der Nachbar ist fix und fertig, aber sein Korb ist gut gefüllt. Auch Peter hat allerlei aus der Stadt mitgebracht.
Nun wird der Kopfsalat gewaschen und die Gurke, drei Tomaten und eine Hand voll Radieschen werden in Scheiben geschnitten. Auch ein paar Kräuter hat Paschulke in Peters wilder Wiese gefunden. „So was wächst leider nicht im Garten", sagt Peter und legt einen Maiskolben auf den Tisch. Dazu legt er drei hartgekochte Eier. Fehlen nur noch Salz, Pfeffer, Essig und Öl, und schon ist der Salat fertig.
„Und was ist jetzt mit den Kirschen?", will Paschulke wissen. „Die habe ich unter Einsatz meines Lebens aus schwindelnder Höhe geholt. Ich hoffe doch, nicht umsonst!"
Peter macht ein geheimnisvolles Gesicht. „Die sind für den Überraschungsnachtisch, Herr Paschulke. Aber jetzt essen wir erst mal."

Als der Salat restlos verputzt ist, lüftet Peter das süße Geheimnis. Er legt neben die Kirschen auch noch ein paar Birnen, Äpfel und Aprikosen auf den Tisch, schließlich noch einen Pfirsich. „Könnten Sie die mal eben klein schneiden?", bittet er den Nachbarn. „Ich habe hier noch kurz am Herd zu tun."
„Schon wieder ich?", mault Paschulke leise und schält die erste Birne. Doch dann wird er aufmerksam. Vom Herd zieht ein süßer Duft durch den Bauwagen. Paschulke schnuppert aufgeregt. „Was machen Sie denn da, Herr Lustig? Das riecht ja nach …"

„Nach Schokolade, genau!", bestätigt Peter. „Genauer gesagt, nach Schokoladenfondue." Er stellt den Topf mit flüssiger Schokolade auf den Tisch und setzt sich zum Nachbarn. „Nach der Schufterei im Garten haben Sie sich diese zuckersüße Überraschung wirklich verdient." Paschulke ist begeistert. So muss ein guter Tag ausklingen!

Schokoladenfondue

Außen süß und innen fruchtig: Schokoladenfondue ist genau das Richtige für alle Obst- und Schokoladenfreunde. Die Zubereitung ist ganz einfach:

> **Du benötigst:**
> - verschiedene Früchte (zum Beispiel Äpfel, Birnen, Aprikosen, Kirschen, Honigmelone)
> - 1-2 Tafeln deiner Lieblingsschokolade
> - 1 größeren Topf
> - 1 kleineres Töpfchen
> - Gabeln

1. Zunächst brauchst du ein Wasserbad. Dazu stellst du den kleineren Topf in den größeren. Fülle nun etwas Wasser in den größeren Topf.

2. Nun stellst du das Topf-in-Topf-Gebilde auf den Herd und erhitzt das Wasser auf kleiner Flamme.

3. Fülle die Schokolade in den inneren Topf und erhitze sie so lange, bis sie geschmolzen ist. Vorsicht: Es darf kein Wasser in den inneren Topf schwappen.

4. Nimm den Topf vom Herd und stelle ihn auf ein Stövchen, damit die Schokolade warm und geschmolzen bleibt.

5. Dann kommen die Früchte auf die Gabel – in die warme, geschmolzene Schokolade damit.

6. Einmal durchgezogen und eingedreht. Und schon ist die Schokofrucht fertig!

Du kannst auch etwas Milch oder Sahne in die erwärmte Schokolade kippen. Versuch's auch mal mit anderen Schokoladensorten. Oder auch mit anderen Früchten.

Süßer Schmelz aus bitterer Bohne

Vollmilch, Nuss, Traube, Mandel, Milchfüllung oder Rahm – die Auswahl an süßen Schokotafeln ist so verführerisch wie die ausgefallenen Rezepte der Hersteller. Wer hätte das gedacht? Denn bevor die Kakaobohne zur zuckersüßen Schokolade wird, schmeckt sie scheußlich bitter.

Die Kakaobohnen

Die großen, gelben Früchte des Kakaobaums, die an Gurken oder Kürbisse erinnern, wachsen direkt am Stamm. Jede einzelne enthält etwa 40 Kakaosamen. Die so genannten Kakaobohnen schmecken gar nicht schokoladig, sondern säuerlich und bitter.

Die Ernte

Erst werden die Früchte mit der Machete vom Baum geschlagen, gesammelt, von Hand geöffnet und ausgepult. Dann kommen die weißen Bohnen zum Trocknen in die Sonne. Dabei entwickeln sie ihre braune Farbe. Anschließend gehen die Bohnen auf die Reise.

Die Verarbeitung

In der Schokoladenfabrik werden die Kakaobohnen erst gereinigt und anschließend geröstet. Dabei entfalten sie ihren feinen Geschmack.

Nun wandern sie durch spezielle Mühlen, die das Fett (Kakaobutter) aus den Bohnen pressen. Der Rest wird zu einer breiigen Masse zerkleinert. Diese Masse duftet bereits lecker.

Die Mischung

Erst jetzt wird das Ganze zu einer Schokoladencreme: Kakao, Kakaobutter, Milchpulver und Zucker kommen hinzu. Die Grundmasse wird mehrere Stunden lang gewalzt.

Weitere Zutaten

Weitere Zutaten können Gewürze, Aromen, Nüsse oder Rosinen sein – je nach Art der Schokolade. Auswahl und Menge der einzelnen Gewürze verraten die Schokohersteller allerdings nicht.

Formen und Eintafeln

Nun entscheidet sich, ob die Schokolade als Osterhase, Weihnachtsmann, Ei oder als einfache Tafel in unsere Geschäfte kommt. Am leckeren Geschmack jedenfalls ändert das nichts.

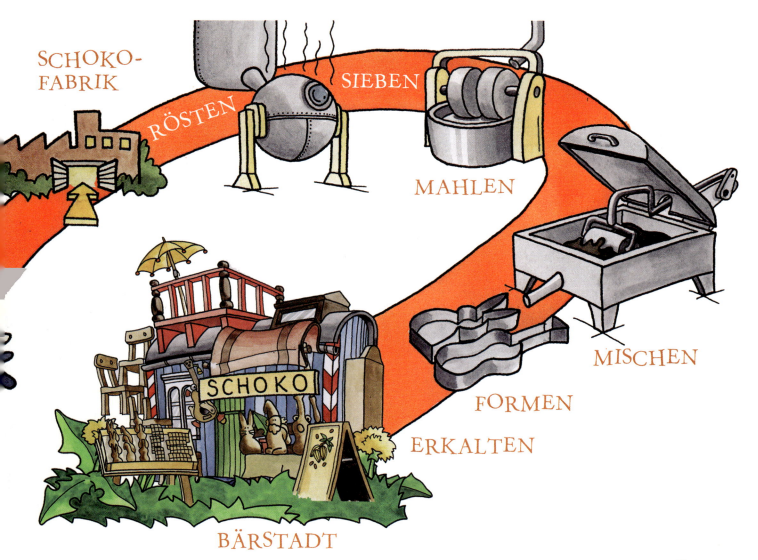

Ein Geschenk der Götter

Die Kakaopflanze ist ein Geschenk der Götter. Davon jedenfalls war ein Urvolk Mittelamerikas überzeugt. Eine Legende erzählt, dass ihr gefiederter Gott des Windes die ersten Kakaosamen von Ameisen überbringen ließ. Dann brachte er dem Volk bei, wie man daraus einen Göttertrunk herstellen konnte: „Xocolatl" (sprich: Kokolatel). Klingt irgendwie wie Kakao und Schokolade zugleich.

Bitter und scharf

Weil Kakao nirgendwo sonst wuchs, konnte das Volk ihn gut bei anderen Stämmen gegen verschiedene Dinge eintauschen. Die anderen Völker entwickelten ihre eigenen Rezepte: Die gerösteten Kakaobohnen wurden zum Beispiel mit etwas Maismehl gemischt und zwischen Steinen fein zerrieben. Das Pulver wurde mit warmem Wasser verrührt und die Mischung mit Vanille und Chilipfeffer gewürzt. Manche Stämme betrachteten dieses Wundermittel sogar als Medizin.

Das Geld wächst auf den Bäumen

Kakao war so teuer, dass sich nur ganz reiche Menschen das begehrte Wundermittel leisten konnten. Und weil seine Bohnen so klein sind, wurden sie als Zahlungsmittel benutzt: als Geld. Wer also viele Kakaobäume hatte, besaß so was wie eine Gelddruckerei. Andere Völker nannten die Kakaobohnen wegen ihres Wertes „braunes Gold". Und sogar „Geldfälscher" gab es, die schlechtere Kakaobohnen färbten, um eine edlere Sorte vorzutäuschen.

Der Kakao kommt nach Europa

Erst vor rund 500 Jahren brachte der spanische Eroberer Hernando Cortez die Kakaobohne aus Südamerika nach Europa mit. Doch das bittere Getränk schmeckte zunächst niemandem. Erst später kam jemand auf die Idee, es mit Honig und Rohrzucker zu süßen.
Im 17. Jahrhundert war der Kakao in Spanien so beliebt, dass er zum Nationalgetränk ernannt wurde.

Aus Kakao wird Schokolade

Lange Zeit war Kakao nur als Getränk bekannt. Schokolade wurde erst in der zweiten Hälfte des 17. Jahrhunderts erfunden. Ob die erste Tafel Schokolade in der Schweiz oder in England hergestellt wurde, darüber streiten sich die beiden Länder noch heute.
Ein Luxusartikel war Schokolade noch lange. Erst im 19. Jahrhundert wurde sie in Massen gefertigt und zu Preisen verkauft, die für viele bezahlbar waren.

Süßes Geheimnis

Zucker gehört in die Schokolade wie der Käse auf die Pizza. Erst seine Süße hat der Kakaobohne ihren weltweiten Siegeszug ermöglicht. Was steckt drin in dem süßen Stoff?

Von Natur aus süß

Süßes gab es schon immer in der Natur: Obst, Honig und Zuckerrohr.

Am Anfang stand der Zuckerhut

Zuckerrohr war schon vor 8000 Jahren in Ostasien, Indien und Persien bekannt. Wenn die Leute dort Lust auf etwas Süßes hatten, dann lutschten sie einfach an einem Stückchen Zuckerrohr. Aber es dauerte weit über 5000 Jahre, bis jemand auf die Idee kam, den Zucker aus dem Rohr herauszuholen. Dieser unbekannte schlaue Kopf erhitzte Zuckerrohr und sammelte den heißen Saft in einem Tonkegel. Der Saft wurde kalt und verwandelte sich in einen süßen Kegel: einen Zuckerhut.

Der Zucker kommt nach Europa

Erst etwa 1100 n. Chr. brachten Kreuzritter den Zucker aus Asien nach Mitteleuropa, wo er bei Königen und Fürsten rasch sehr beliebt wurde. Man ahnt es schon: Zucker war anfangs unvorstellbar teuer!

Die Überraschung

400 Jahre später wurde Zuckerrohr weltweit überall dort angebaut, wo das Klima es zuließ. Weil Zuckerrohr es feucht und warm braucht, wächst es in Europa leider nicht. So musste der Zucker auf Schiffen um die halbe Welt zu uns gebracht werden und blieb deshalb lange Zeit ein teures Luxusgut.

1747 gab es eine Riesenüberraschung: Der deutsche Chemiker Andreas Sigismund Marggraf fand heraus, dass sich Zucker auch aus Runkelrüben gewinnen lässt. Es gab also längst Zucker in Europa, nur hatte das niemand gewusst!

Von da an ging es schnell. Aus der Runkel- wurde die Zuckerrübe gezüchtet, und 1801 entstand die erste deutsche Zuckerfabrik.

Seitdem ist Zucker billig und steckt in fast jedem industriell gefertigten Lebensmittel.

Voller Energie und verführerisch

Zucker hat einen großen Vorteil: Er liefert schnell Energie. Denn der Körper kann ihn aus dem Darm sofort ins Blut überführen. Und darin kann er ihn schnell dorthin transportieren, wo er benötigt wird, etwa zu den Muskeln, wenn wir uns anstrengen.

Hier eine leckere Schokolade, dort ein fruchtiges Sahneeis. Der süße Geschmack ist verführerisch. Daher essen wir oft mehr Zucker, als uns gut tut. Dann speichert ihn der Körper als Fett. Man wird moppelig.
Und: Zucker schadet den Zähnen. Bakterien im Mund setzen ihn nämlich in Säure um. Diese Säure zerstört Zahnschmelz. Die Folge: Karies.

Ein Blick in den Stall

Am nächsten Morgen erscheint Herr Paschulke wie verabredet im Bauwagen. „Hätten wir den Abwasch doch bloß schon gestern Abend erledigt", stöhnt er beim Blick auf den Geschirrberg. Mit spitzen Fingern versenkt er den schokoverklebten Fonduetopf im Spülbecken. „Alles halb so schlimm", findet Peter. „In einer Stunde haben Sie das doch erledigt. Ich werde inzwischen mal kurz zum Hofladen von Bauer Hansen rüberlaufen. Wir brauchen Wurst und Käse, und auch die Butter wird nicht reichen."
Paschulke nickt mürrisch und greift zur Spülbürste. „Viel Spaß!"
Der Feldweg zum Hof von Bauer Hansen führt Peter an saftigen Weiden vorbei. Sie funkeln im Sonnenlicht, und Schafe und Kühe grasen darauf.

„Da bekommt man ja richtig Lust auf ein frisches Glas Milch", freut sich Peter. Auf dem Hof begrüßt ihn ein kläffender Hund. Und ein Schild an der Ladentür. „Bin gleich zurück", steht darauf. Peter blickt sich verwundert um: „Hallo, Herr Hansen, Frau Hansen. Jemand hier?" Keine Antwort. Nur eine Stalltür ist geöffnet. Er geht ein paar Schritte und schaut hinein. Nichts zu sehen.
Das dunkle Gebäude wirkt noch dunkler, wenn man aus dem hellen Sonnenlicht hineinblickt. Also geht Peter vorsichtig weiter. Jetzt ist merkwürdiges Schmatzen zu hören. Und als Peters Augen sich an das dunklere Licht im Stall gewöhnen, erkennt er ein paar futternde Kühe. Sie mampfen schnaufend und lassen sich von Peter gar nicht stören.
„Ist schon komisch, wie friedlich diese Rinder sind", bemerkt Peter. „Ruhig und genügsam warten sie bloß darauf, dass man sie melkt oder füttert."
Peter hat Recht. Denn ihr wilder Vorfahre, Auerochse oder Ur genannt, hätte das sicher nicht so friedlich getan. Erst der Mensch hat sich die Rinder zu Haustieren gezüchtet, um sie auf Bauernhöfen zu halten.

Tiere auf dem Bauernhof

Wer zu Urzeiten Fleisch essen wollte, musste auf die Jagd gehen. Eine mühsame Angelegenheit, denn nicht selten kamen Jäger nach langen anstrengenden Tagen mit leeren Händen zurück. Irgendwann aber hatten die Menschen eine Idee: Man könnte doch versuchen, Tiere lebendig zu fangen, um sie auf Weiden oder in Ställen zu halten. Ein cleverer Gedanke: Die Menschen füttern und pflegen die Tiere, dafür bekommen sie Fleisch, Milch, Eier und vieles mehr. So sind die ersten Bauernhöfe entstanden.

Massentierhaltung

Tiere zu versorgen macht viel Arbeit: Man benötigt große Weiden und einige Mitarbeiter. Weil aber die Menschen immer mehr Fleisch, Milch und Eier wollten, reichte der Platz auf den Höfen nicht mehr aus. Also fing man an, die Tiere nur in Käfigen oder Boxen zu halten. Weniger Platz für mehr Tiere – Massentierhaltung eben. Für volle Regale in den Geschäften und ein besseres Geschäft für alle: Hühner etwa, die nicht frei herumlaufen, sondern in kleinen Käfigen sitzen, sparen Platz. Und weil sie sich dann weniger bewegen, verbrauchen sie weniger Energie. Man spart also Futter. Gleichzeitig aber werden die Tiere schneller dicker. Sie kommen also schneller in den Schlachthof. Und das spart Zeit. Und Geld. Und natürlich Platz – für die nächsten Tiere. Und beim Einkaufen sparen alle. Denn Fleisch, Eier, Milch und Käse aus der Massentierhaltung sind billiger. Man spart, wo es nur geht.

Rinder

Junge Rinder auf der Weide

Rinder grasen am liebsten auf Weiden. Dort fressen sie den ganzen Tag vor sich hin. Gleichzeitig düngen sie mit ihren Fladen den Boden. Dadurch sprießt das Gras besser. Den Sommer verbringen Rinder draußen. Im Winter stehen sie im warmen Stall. Alle heutigen Rinderrassen hat der Mensch aus einem wilden Vorfahren gezüchtet: dem Auerochsen. Die weiblichen Rinder (Kühe) geben Milch. Stiere, die männlichen Tiere, liefern Fleisch.

Schweine

So süß sehen Ferkel aus.

Auch Schweine gehören auf den Bauernhof. Sie grunzen und schmatzen am liebsten im Schlamm. Damit reiben sie sich ein, um lästiges Ungeziefer loszuwerden.
Schweine sind Allesfresser: Küchenabfälle wie Kartoffelschalen stehen ebenso auf ihrer Speisekarte wie Reste von Fleisch. Gehalten werden sie vor allem, weil die Menschen ihr Fleisch mögen.

31

Fleisch

Außen knusprig, innen saftig: gegrilltes Fleisch.

Die Auswahl an Fleisch ist groß: Rinder, Schweine, Hühner, Schafe, Gänse, Enten, Strauße, Kängurus, Ziegen, Bären und Pferde kommen als Schnitzel, Geschnetzeltes, Hackbraten, Frikadelle, Kotelett, Braten, Auflauf, Steak oder Roulade – gebraten, gekocht, gedünstet, gegrillt, gebacken, gepökelt, geräuchert oder roh auf die Teller.

Und damit uns diese Auswahl nicht irgendwann langweilig wird, gibt es ja noch die verschiedenen Sorten an Wurst.

Fleisch enthält vor allem Eiweiß und Fett. Um den Bedarf an diesen Bausteinen zu decken, benötigen wir nur etwa 100 Gramm Fleisch am Tag.

Fleischlos in Bärstadt

Tiere schlachten und essen? Das kommt für viele Menschen nicht in Frage. Muss nicht sein, sagen sie. Denn es geht auch ohne Fleisch, Wurst und Fisch.
Es geht tatsächlich. Man muss allerdings darauf achten, dass man vor allem die Eiweiße durch andere Speisen wie Bohnen oder Erbsen ersetzt.

Klar, es ist auch eine Frage des Geschmacks. Denn nicht jedem schmecken statt Hamburger etwa Hafer-Burger. Oder statt Schnitzel Gemüse-Bratlinge.

Es muss aber auch nicht zwingend eine Frage von Entweder- oder sein: Mittags ein Fleischburger, abends ein Gemüseburger – warum nicht?

Delikatesse aus dem Räucherofen: Schinken

32

Der Hafer-Burger

Du benötigst:
- 100 g feine Haferflocken
- 100 g kernige Haferflocken
- Olivenöl
- 1/4 Liter Gemüsebrühe
- 1 Zwiebel
- 1 Knoblauchzehe
- 1 Ei
- Petersilie
- 2 Tomaten
- einige Blätter Kopf- oder Eisbergsalat
- 2 saure Gürkchen
- 4 kleine Scheiben Schnittkäse
- Pfeffer und Salz
- 4 Vollkornbrötchen
- Schüssel, Pfanne und Topf
- Gemüsemesser

1. Schäle die Zwiebel und schneide sie in kleine Würfel. Gib etwas Öl in die Pfanne und dünste die Zwiebelwürfel an, bis sie goldgelb sind.

2. Stelle einen kleinen Topf auf den Herd und koche die Gemüsebrühe nach der Anweisung auf der Packung.

Gemüsebrühe darüber und mischst alles gut durch. Nun lässt du die Mischung eine Viertelstunde quellen.

6. Wasche die Salatblätter und die Tomaten. Schneide die Tomaten und die Gürkchen in Scheiben.

7. Ist die Viertelstunde um, schlägst du das Ei über die Mischung in der Schüssel und gibst etwas Salz und Pfeffer und gehackte Petersilie dazu. Knete die Masse kräftig durch und forme 4 Bratlinge.

8. Brate die Bratlinge mit etwas Öl in der Pfanne von beiden Seiten braun.

3. Hacke die Knoblauchzehe in feine Würfel.

4. Gib nach und nach die Haferflocken und die gehackte Knoblauchzehe zu den Zwiebeln und rühre alles um.

5. Ist alles angebraten, gibst du den Inhalt in eine Schüssel, gießt die

9. Halbiere die Brötchen. Die unteren Hälften belegst du mit Salatblättern. Darauf kommen je ein Bratling, eine Scheibe Käse und einige Tomaten- und Gürkchenscheiben. Deckel drauf – fertig.

Hühner

Hühner laufen am liebsten gackernd und Körner pickend über den Hof. Sie liefern Eier und Fleisch.

Das Hühnerei

Hühner bringen wie alle Vögel ihre Jungen zur Welt, indem sie Eier legen. Von einer festen Kalkschale geschützt, wächst im Inneren des befruchteten Eis das Küken heran. Es ist darin mit allen Stoffen versorgt, die es bis zum Schlüpfen braucht.
Natürlich enthalten auch unbefruchtete Hühnereier viel Eiweiß und Fett. Sie werden auf verschiedene Arten zubereitet:

Gekochte Eier
Das Ei wird in Wasser gekocht. Entweder hartgekocht, also so lange, bis Eiweiß und Dotter fest geworden sind, oder etwas weicher – beliebt als Frühstückseier. Zu Ostern werden hartgekochte Eier bemalt und als Ostereier versteckt.

Spiegelei
Gebratenes Ei mit festem Eiweiß und weichem Dotter.

Rührei
In der Pfanne gebratene Eier, die während des Bratens umgerührt werden.

Omelett
Die Eier werden verquirlt und anschließend mit oder ohne etwas Milch in der Pfanne gebraten wie Pfannkuchen.

34

Roh oder gekocht?

Eine heikle Frage: Ist das Ei nun roh oder gekocht? Was, wenn man ein Ei essen will, doch statt knack! macht es platsch!, wenn man es anschlägt? Mist, wieder das falsche erwischt.

Mit einem einfachen Kniff kannst du buchstäblich im Handumdrehen prüfen, ob ein Ei roh oder gekocht ist.

Du benötigst:
- 1 rohes Ei
- 1 gekochtes Ei

So geht's:

1. Lege die beiden Eier auf einen Tisch. Lasse sie mit einer schnellen Handbewegung auf der Tischplatte kreiseln. Siehst du den Unterschied? Das gekochte Eier dreht sich mit demselben Schwung schneller als das rohe Ei.

2. Gib beiden Eiern neuen Schwung und halte sie dann ganz kurz an. Lass sie gleich wieder los. Was passiert? Das gekochte Ei bleibt nach dem Stopp liegen, das rohe dreht sich wieder.

Wie ist das zu erklären?
Wenn man das rohe Ei anhält, dreht sich das flüssige Eiweiß weiter. Man stoppt also nur die Schale, nicht das Innere. Und weil das Eiweiß weiterhin kreist, bringt es auch wieder die äußere Schale in Schwung. Das ganze Ei dreht sich wieder.

Beim gekochten Ei dreht sich im Innern nichts mehr weiter, wenn man es anhält. Denn das hartgekochte Eiweiß ist fest mit der Schale verbunden.

Deswegen dreht sich im ersten Teil des Versuchs das gekochte Ei schneller. Man bringt nämlich Schale und Inhalt gleichzeitig in Schwung. Beim rohen Ei bekommt nur die Schale Tempo. Erst allmählich dreht sich auch die innere Flüssigkeit mit.

Tierisch gesund: Milch

Noch immer tapst Peter neugierig durch die Ställe. Plötzlich öffnet sich hinter ihm ein Tor, und eine Gruppe von zehn Kühen marschiert herein. Dahinter kommt die Bäuerin. Endlich.

„Tag, Frau Hansen", ruft Peter. „Ich wollte Wurst und Käse kaufen, aber der Laden war geschlossen."

„Ach, Herr Lustig. Guten Morgen!" Die Bäuerin schließt das Tor hinter der letzten Kuh. „Heut geht's bei uns drunter und drüber. Mein Mann repariert den Traktor und ich muss alleine melken."

„Ach so, deswegen sind die nicht draußen auf der Weide?"

„Ja. Wenn ich mit allen Tieren fertig bin, kommen sie wieder hinaus."

Eigentlich ganz praktisch, denkt Peter und meint: „Milch wollte ich auch mitnehmen. Da kann ich mein Kännchen ja auch direkt unter eine Kuh halten."

„Schöne Idee", lacht die Bäuerin, „aber das geht leider nicht. Das Melken erledigt unsere Melkmaschine, und die leitet die Milch gleich in den Tank. Aber wir können gerne eben rüber zum Laden gehen. Da habe ich alles, was Sie brauchen." „Machen Sie die Gruppe ruhig noch fertig", sagt Peter. „Ich habe es nicht eilig. Und außerdem habe ich noch nie eine Melkmaschine bei der Arbeit gesehen."

„Ach so? Na, dann kommen Sie mal mit", sagt Frau Hansen und öffnet das Tor zum Melkstand.

Kühe, Melken, Milch

Kühe werden heute selten per Hand gemolken. Meist schließt man elektrisches Melkzeug an ihre Zitzen an. Das Melkzeug besteht aus vier mit Gummi ausgepolsterten Bechern. Über diese Melkbecher saugt die Melkmaschine an den Zitzen – wie es ein Kalb beim Saugen tun würde.

Eine Kuh gibt etwa 18 Liter Milch am Tag. Frische, gekühlte Milch ist lecker und gesund: Sie ist reich an Eiweiß, Fett und Kalzium.

Diese Rohmilch gibt es meist nur auf Bauernhöfen zu kaufen. Denn Milch, die Supermärkte verkaufen, ist oft behandelt. Sie wird auf rund 75 Grad Celsius erhitzt, damit die Keime darin absterben. So ist die Milch länger haltbar.

Außerdem werden die winzigen Fettklumpen in der Rohmilch in noch winzigere „zersprengt". Dadurch bildet sich auch nach einigen Tagen kein Rahm an ihrer Oberfläche. Die meisten Leute denken nämlich, dass rahmige Milch schlecht geworden wäre.

Alles Käse

Zur Herstellung von Käse benötigt man allerdings nicht nur Kuhmilch. Vor allem auch die Milch von Schafen und Ziegen nutzen wir dazu.

Käse zu gewinnen ist ganz leicht: Man lässt etwas Milch einfach eine Weile warm stehen. Obenauf setzt sich eine grünlich-gelbe Flüssigkeit ab, die Molke. Sie wird abgeschöpft. Unter der Molke ist der so genannte Käsebruch entstanden. Ein matschiger Haufen, den man in einen dünnen Stoff wickelt. Er wird ausgewrungen und zum Trocknen aufgehängt. Im Tuch bleibt feuchter, weicher Käse zurück. Zum Schluss: Salz und Pfeffer drauf – fertig. Kräuter passen natürlich auch hinein.

Bei dieser ältesten Form der Käseherstellung hat der Mensch nicht viel Arbeit. Das liegt daran, dass sich winzige Helfer ans Werk machen: Milchsäurebakterien. Sie vergären den Milchzucker, so dass sich die matschige Molke oben absetzt.

Heute hingegen wird Käse mit hohem technischen Aufwand in Fabriken produziert. Und: Die Maschinen stellen nicht nur diesen Käse her. Zahllose unterschiedliche Käsesorten kommen bei uns auf den Tisch.

Vom Bauernhof zur Molkerei

Riesige Laster transportieren die Milch in gekühlten Tanks von den Höfen zur Molkerei. In großen Bottichen wird sie dort wie auch früher erwärmt.

Frischkäse oder Hartkäse

Frischkäse wird heute noch genauso hergestellt wie früher, also mit Milchsäurebakterien. Dazu kommen Kräuter, Meerrettich, Paprika ...

Um Hartkäse herzustellen, verwendet man zusätzlich Lab. Das ist ein Stoff, den Kühe in ihrem Magen produzieren. Er erhärtet fast die gesamte Milch. Auf der harten Milch setzt sich wieder die Molke ab. Sie wird abgeschöpft und verwendet, um zum Beispiel Butter oder Sahne zu gewinnen. Je mehr man von der kremigen Molke in dem harten Käse zurücklässt, desto fettiger wird das Stück.

Salzbad

Nun wandert der harte Käselaib in ein Salzbad. Das Salz in diesem Bad trocknet den Käse weiter aus. Eine Rinde bildet sich.

Ruhe sanft

Jetzt noch ein warmes Plätzchen, und der Käse reift gemütlich vor sich hin. Wie lange er liegen muss, hängt von der Sorte ab. Das kann wenige Tage, aber auch mehrere Monate oder gar Jahre dauern. Zwischendurch wird er gewendet, gebürstet oder in Kräutern gewälzt.

Milchige Fantasie

Aus Milch wird nicht nur Käse gewonnen. Zahlreiche leckere und gesunde Dinge wie Dickmilch, Joghurt, Sahne oder Butter entstehen daraus. Wie? Das verraten diese Seiten.

Dickmilch

Dickmilch stellt man aus Kuhmilch her, in der ebenfalls Milchsäurebakterien wuseln müssen. Sie schmeckt säuerlich.

Molke

Eine grünlich-gelbe wässerige Flüssigkeit, die bei der Käseherstellung entsteht. Molke regt den Stoffwechsel an. Sie wird in Form von Pulver angeboten, das in Wasser aufgelöst ein schmackhaftes und gesundes Getränk ergibt.

Joghurt

Joghurt entsteht durch Zugabe einer besonderen Sorte von Milchsäurebakterien zur Milch. Sie wird dadurch angedickt und ihre Haltbarkeit verlängert. Neben reinem Joghurt steht in den Supermärkten ein vielfältiges Angebot an Fruchtjoghurts.

Sahne

Lässt man Rohmilch eine Weile stehen, setzt sich oben eine fettreiche Schicht ab: der Rahm – auch Sahne genannt. Schlägt man Sahne, wird zwischen den Fettzellen Luft eingeschlossen. Der Umfang nimmt zu und die Sahne wird steif. Wird die Sahne noch länger geschlagen, klumpen die Fettteilchen zusammen und bilden Butter.

Butter

Butter gewinnt man aus Rahm. Er wird in einer Maschine gebuttert, also so lange geschlagen, bis sich das Fett von den übrigen Inhaltsstoffen trennt. Das abgeschöpfte Fett wird anschließend geknetet, geformt und verpackt.

Buttermilch

Ein säuerliches Milchgetränk. Sie wird aus der Restflüssigkeit hergestellt, die bei der Butterproduktion anfällt. Dazu werden dieser Flüssigkeit Milchsäurebakterien zugesetzt. Sie enthält nahezu alle Nährstoffe der Milch, aber nur sehr wenig Fett.

Sauerrahm

Rahm, dem Milchsäurebakterien hinzugefügt werden. Er wird vor allem zum Kochen verwendet.

Quark

Milch, der man den Rahm abgeschöpft hat (Magermilch). Der Magermilch werden Milchsäurebakterien und Lab zugesetzt. Dann werden Quark und Molke voneinander getrennt. Mit Quark werden noch heute Verbrennungen und Insektenstiche behandelt.

Eis

Milchspeiseeis besteht zu etwa zwei Dritteln aus Milch; Sahneeis enthält zusätzlich Rahm.

Joghurt selbst gemacht

Du benötigst:
- 1 Liter Milch
- 1 kleinen Becher Naturjoghurt (150 ml, ohne Früchte, nicht pasteurisiert)
- Topf
- Einweckthermometer
- Schneebesen
- einige Gläser, möglichst mit Deckel oder Folie und Gummi

Um Joghurt selbst zu gewinnen, brauchst du eine bestimmte Sorte von Milchsäurebakterien. Wo findet man die?

Ganz einfach: in Joghurt. Man kann also aus einem Joghurt viele weitere herstellen. Probier es aus.

1. Erhitze die Milch im Topf auf 95 Grad Celsius. Um die Temperatur festzustellen, stellst du das Einweckthermometer in den Topf. Halte diese Temperatur für etwa fünf Minuten. Dann lässt du die Milch auf etwa 45 Grad Celsius abkühlen.

2. Nun rührst du mit dem Schneebesen den Naturjoghurt in die Milch ein und schaltest die Herdplatte ab.

3. Die Milch-Joghurt-Mischung füllst du in die sauberen Gläser und verschließt diese. Wenn du keine passenden Deckel hast, tut's auch Klarsichtfolie, die du mit Gummiband über die Gläser spannst.

4. Stelle die Gläser an einen warmen Ort. Nun heißt es warten. Nach ein paar Stunden hat sich ihr Inhalt in Joghurt verwandelt. Je wärmer der Joghurt steht, desto schneller findet die Umwandlung statt. Sobald der Joghurt fertig ist, kannst du die Gläser in den Kühlschrank stellen.

5. Joghurt pur ist dir zu sauer oder zu langweilig? Dann kannst du ihn mit eingemachten Früchten und Müsli aufpeppen.

Dein selbst gemachter Joghurt enthält keine Konservierungsstoffe. Deshalb hält er sich nicht lange.

Die wilde Apotheke

Die letzte Gruppe Kühe ist gemolken. Peter ist begeistert: „Was man aus Milch alles machen kann. Wer hätte das gedacht?!"
Bald darauf verlässt er mit seinem gefüllten Korb den Hof: Milch, Eier, Käse, Wurst – alles, was Peter haben wollte, hat er im Hofladen bekommen. Nun steht einem späten Frühstück nichts mehr im Wege.

Doch als er am Bauwagen ankommt, ist kein Nachbar zu sehen. Erst eine halbe Stunde später kommt das Schwergewicht angeschlurft, mit einer Plastiktüte in der Hand. Er sieht gar nicht gut aus. Etwas blass im Gesicht.
„Waren Sie etwa auch einkaufen?", fragt Peter. „So lange war ich doch gar nicht weg."
„Ich bin in der Apotheke gewesen", erklärt der Nachbar schniefend. „Ein paar Tropfen und Tabletten holen. Ich glaube, ich habe mir eine Sommergrippe eingefangen. Mein Hals tut weh, die Nase läuft, und dann dieser Husten!"
„Was hat der Apotheker Ihnen denn alles mitgegeben?", will Peter wissen und liest die Packungsaufschriften: „Kamillenblütensaft gegen Erkältung, Spitzwegerich gegen Husten, Malventee gegen Halsschmerzen. Na, das Geld hätten Sie sich sparen können!"
„Sparen? Wieso sparen? Das ist Medizin. Die brauche ich", rechtfertigt sich der Nachbar energisch.
„Mag ja sein", meint Peter, „aber solche Medizin wächst auch in meinem Garten. Wild und umsonst! Kommen Sie mal mit."
Paschulke macht große Augen und folgt Peter in den Bauwagen. Der kramt aus einer Schublade eine kleine Blechdose heraus. „Sehen Sie, Herr Nachbar: Diese Kamilleblüten habe ich im letzten Jahr geerntet und getrocknet. Die gieße ich Ihnen jetzt mit heißem Wasser auf. Und dann nehmen Sie ein ordentliches Kamillebad."
Kurz darauf stellt er dem Nachbarn eine dampfende Schüssel hin. Im kochenden Wasser schwimmen die Kamilleblüten.

Herr Paschulke beugt den Kopf über die Schüssel und deckt sich ein Handtuch über den Kopf. Dann atmet er den Dampf über mehrere Minuten tief ein.
„Na, spüren Sie schon was?", fragt Peter.
„Ja. Das tut gut", tönt es gedämpft unter dem Tuch hervor. „Ich muss zugeben, ich habe Ihren Garten unterschätzt. Was da alles wächst! Eine richtige wilde Apotheke."

Kleine Kräuterkunde

Löwenzahn

Ein Wildkraut, das fast überall zum Vorschein kommt. Löwenzahn gilt zwar als Unkraut, ist aber eine nützliche Pflanze. Man kann leckeren Salat und Sirup daraus machen. Dazu werden die gelben Blüten ein paar Tage in Zuckerwasser eingeweicht und anschließend abgeseiht. Mit Wasser verdünnt ein erfrischendes Getränk.

Baldrian

Gut gegen Einschlafprobleme und Nervosität.

Beruhigt die Nerven: Baldrian

Johanniskraut

Vertreibt als Tee hervorragend miese Laune. Als Öl hilft es bei Insektenstichen, Sonnenbrand und Hautabschürfungen.

Gut bei Halsweh: Salbei

Salbei

Hilft bei Halsschmerzen und gegen Erkältungen. In der Küche sind Salbeiblätter als kräftiges Gewürz beliebt.

Kamille

Ein Tausendsassa: Sie hilft als Tee bei Magenschmerzen, Übelkeit, Blähungen, Husten, und in Wasserdampf inhaliert gegen Schnupfen und Erkältungen. Als feuchter Umschlag lindert sie Muskelschmerzen.

Magenfreundlich: Kamille

Spitzwegerich

Die robuste Pflanze wächst auf Wiesen, an Wegesrändern und vereinzelt sogar in Pflasterritzen. Als Sirup oder Tee hilft sie bei Husten. Bei Insektenstichen lindern frische Blätter die Beschwerden.

Hilft bei Insektenstichen: Spitzwegerich

Muntert auf: Johanniskraut

Internationale Küche

Am nächsten Tag ist Herr Paschulke wieder voll auf den Beinen. Naturmedizin und gesunde Kost haben offenbar Wunder gewirkt.
„Ich möchte Sie gerne einladen, Herr Lustig", erklärt er zum Abschluss feierlich. „Als Dankeschön dafür, dass Sie mir beim Gesundwerden geholfen haben. Und weil mir das Kochen wieder Spaß macht."
„Das ist aber nett", findet Peter. „Und wohin wollen Sie mich einladen? Oder wozu?"
„Zu einem Tag der internationalen Küche. Bei mir zu Hause. Der fängt mit dem Frühstück an und hört mit dem Abendessen auf."
„Das klingt aber gut", freut sich Peter. „Was gibt es denn?" Etwas besorgt schließt er an: „Sie wollen doch hoffentlich nicht gleich wieder an Ihre Kellervorräte gehen?"
„Aber nein, wo denken Sie hin", beruhigt ihn Paschulke lachend. „Das Schwein habe ich an den Zoo verschenkt. Dort wird es an die Raubtiere verfüttert. Wir wollen doch international speisen. Ich habe mir das so gedacht: Sie suchen sich fünf Länder aus. Und ich lasse mir dazu was Kulinarisches einfallen. Na, was sagen Sie?"
„Fünf Länder? Das hört sich spannend an. Aber welche?" Peter grübelt. Dann hat er eine Idee. „Ich gebe dem Zufall eine Chance." Er nimmt seinen Globus aus dem Regal, lässt die Erdkugel mit einem kräftigen Schubs rotieren und schließt die Augen. Während sich der Globus dreht, tippt er dann fünf Mal blind mit dem Finger darauf. Und Paschulke liest die Länder ab, in denen der Finger landet: „England, Italien, Türkei, Spanien und Indien. Viermal Europa, einmal Asien. Eine gute Wahl, Herr Lustig. Dann bis Sonntag."

Selbstbewusst marschiert der Nachbar davon. Es gibt eine Menge vorzubereiten. Da bin ich ja mal gespannt, denkt Peter. Leckeres aus Indien und der Türkei? Ob er das schafft?
Am Sonntagmorgen schlendert Peter mit Vorfreude hinüber. Schon am Gartenzaun steigt ihm der Duft von gebratenem Speck in die Nase. Herr Paschulke hat ein englisches Frühstück vorbereitet, mit allem, was dazugehört. Zum Mittagessen serviert er italienische Pizza und türkischen Döner. Und abends tischt er noch eine spanische Tortilla auf, gefolgt von Garnelen in Kokossoße nach original indischem Rezept.
„So gut habe ich schon lange nicht mehr gegessen", ächzt Peter. „Das darf aber nicht zur Gewohnheit werden. Sonst sehe ich bald aus wie Ihr Zwillingsbruder."
„Keine Angst", grinst der Nachbar. „Das trainieren wir gleich wieder ab. In der Küche wartet nämlich noch der Abwasch. Aus England, Italien, der Türkei …"

English Breakfast (sprich: Bräkfest)

Für 1 Portion brauchst du:
- Tee
- Fruchtsaft
- 2 Eier
- etwas gewürfelten Speck
- 2 Würstchen
- Toast
- Marmelade
- Tomaten
- Pilze
- Cornflakes

Frühstück (Breakfast) ist für die Engländer die wichtigste Mahlzeit des Tages. Dafür nehmen sie sich ordentlich Zeit – und sie tischen reichlich auf:

als Spiegeleier oder Rührei. Oder gebratene Würstchen. Die sind in England sehr klein und würzig.

Dazu gibt es Toast mit Marmelade. In England gerade mal Beilage, bei uns ein ganzes Frühstück.

Außerdem serviert man Fisch zum Frühstück, etwa geräucherte Heringsfilets.

Richtig deftig wird es, wenn die gekochten, weißen Bohnen in einer dicken Tomatensoße auf den Tisch kommen.

Ebenfalls auf der Frühstückskarte: gegrillte Tomaten und Pilze.

Cornflakes sind ein Muss. Es darf aber auch mal heißer Brei aus Haferflocken sein. In Wasser oder Milch gekocht mit Zucker und/oder Sahne verfeinert.

Manch einer wird da schon beim Lesen satt ...

Deftiges Frühstück: Schinken und Eier

Tee ist überall dabei. In England wird er gerne mit Milch getrunken. Dazu gibt es Fruchtsaft.

Dann geht's los: Eier mit Speck, kross gebraten. Entweder

Cornflakes schmecken mit Milch, Joghurt oder Obst.

Pizza

Für eine Familienpizza brauchst du:
- 400 g Weizenmehl
- 1/2 Würfel frische Hefe
- Pfeffer
- 1 Teelöffel Salz
- Olivenöl
- Oregano
- geriebenen Käse
- 200 ml Wasser (lauwarm)
- 1 Pckg. Tomatenpüree
- etwas Maismehl
- Belag nach Geschmack
- Teigroller
- Backofen
- Backblech
- (Plastik-)Schüssel

1. Löse die Hefe in lauwarmem Wasser aus der Leitung auf.

2. Nun gibst du das Mehl in eine Schüssel. Dazu kommt etwa die Hälfte des Hefewassers und ein Teelöffel Salz.

3. Knete die Zutaten mit den Händen zu einem glatten Teig. Gib dabei nach und nach das restliche lauwarme Wasser hinzu. Ist der Teig zu trocken (wenn er zu mehlig ist), gibst du mehr Wasser hinzu. Ist er zu matschig (wenn er zu sehr an den Fingern klebt), braucht er noch Mehl.

4. Forme den fertigen Teig zu einer Kugel. Decke ihn mit einem Tuch ab und lasse ihn mindestens eine halbe Stunde gehen. Er sollte anschließend doppelt so groß sein.

5. Inzwischen kannst du das Backblech dünn mit Maismehl bestreuen, das Tomatenpüree mit Salz und Pfeffer würzen und all das vorbereiten, was auf deine Pizza soll: etwa Käse reiben, Paprika und Pilze schneiden.

6. Wenn der Teig aufgegangen ist, kannst du den Backofen vorheizen, auf 200 Grad Celsius.

7. Rolle den Teig mit dem Teigroller auf dem Backblech aus.

8. Bestreiche ihn mit dem Tomatenpüree. Nun kommt der Käse darüber. Dann verteilst du den Belag.

9. Die Pizza muss etwa 20 Minuten backen. Weil die Backzeit vom Ofen und vom Belag abhängt, guckst du am besten ab und zu nach.
Die Pizza ist fertig, wenn der Rand hellbraun geworden ist.

Was kommt auf die Pizza?

Eine Pizza kannst du mit fast allem belegen, was dir schmeckt: Salami, Schinken, Krabben, Sardellen, Hackfleisch, Garnelen, Thunfisch, Eier (roh oder gekocht), Spinat, Paprikaschoten, Oliven, Zwiebeln, Knoblauch, Champignons, Zucchinistreifen, Brokkoli, Tomatenscheiben, Ananas und vielem mehr.

Salami ist ein klasse Pizzabelag.

Döner

In der Türkei wird für Döner Lamm-, Schafs-, Rind- oder Hammelfleisch genommen. In Deutschland haben sich außerdem Kalb- und Putenfleisch eingebürgert.

Döner gibt es in zahlreichen Variationen. Entscheide selbst, mit welchen Zutaten er dir am besten schmeckt.

1. Schneide die Tomaten in Scheiben. 1 1/2 der beiden Zwiebeln schneidest du in dünne Ringe. Die übrige halbe Zwiebel brauchst du für die Soße. Wasche einige Salatblätter und lasse sie abtropfen.

2. Nun die Soße: Schäle die halbe Salatgurke und rasple sie in eine Schüssel. Die Knoblauchzehen und die halbe Zwiebel werden fein gehackt und dazugegeben. Nun kommen der Joghurt und ein Esslöffel Olivenöl hinzu. Rühre die Soße ein paar Mal durch und schmecke sie mit Salz und Pfeffer ab.

3. Das Döner-Fleisch bereitest du nach der Anleitung auf der Packung zu. Wenn du möchtest, kannst du mit Salz, Pfeffer, Oregano und Thymian nachwürzen.

4. Während das Fleisch brät, erhitzt du das Fladenbrot ein paar Minuten bei 150 Grad Celsius im Backofen.

5. Das Fleisch ist fertig, wenn es goldbraun geworden ist. Dann geht's zum Endspurt. Schneide das Fladenbrot in zwei Hälften, die du nochmals halbierst.

Schneide die gewonnenen Viertel so ein, dass sie „Taschen" bilden, die du mit Fleisch, Tomaten, Zwiebeln und Soße füllen kannst.

Für 4 Portionen brauchst du:
- 1 (türkisches) Fladenbrot
- 1 Packung Kebab-Fleisch aus dem Supermarkt (400-500 g)
- 2 mittelgroße Zwiebeln
- 1-2 Knoblauchzehen
- 2-3 Tomaten
- 1 kleinen Becher Naturjoghurt (150 g)
- 1 halbe Salatgurke
- Olivenöl
- Salz und Pfeffer
- Thymian und Oregano zum Nachwürzen
- Salat nach Geschmack, z.B. Eisbergsalat, Weißkraut, Kopfsalat
- Gurkenreibe
- Schüssel

Spezialität im Fladenbrot: Hähnchendöner

Tortilla

Tortilla (sprich: Tortija) ist das Nationalgericht der Spanier. Es wird überall im Land in unzähligen Variationen zubereitet.

Das Grundrezept ist einfach.

1. Schäle die Kartoffeln und schneide sie in dünne Scheiben. Gieße so viel Olivenöl in eine unbeschichtete Pfanne, dass der Boden gut bedeckt ist, und erhitze es. Gib die Kartoffelscheiben hinein und würze sie mit Salz. Nach dem ersten Wenden schaltest du die Herdplatte auf die unterste Stufe und lässt die Kartoffeln etwa 20 Minuten braten.

2. In der Zwischenzeit verquirlst du die Eier in einer großen Schüssel und würzt sie mit Salz und Pfeffer. Sind die Kartoffeln gebraten, nimmst du sie aus der Pfanne und vermengst sie mit der Eiermasse. Lass die Mischung etwas ruhen.

3. Nun entfernst du das verbliebene Öl aus der Pfanne. Gieße so viel neues hinein, dass der Boden dünn bedeckt ist, erhitze es.

Für 4 Portionen brauchst du:
- *1 kg Kartoffeln*
- *6 Eier*
- *Olivenöl*
- *Salz*
- *große Schüssel*
- *große Pfanne*
- *eventuell weitere Zutaten nach Geschmack*

4. Gib die Kartoffel-Eier-Masse in die Pfanne und streiche sie glatt. Lass sie bei mittlerer Hitze einige Minuten stocken. Sobald sie fest geworden ist, drehst du die Tortilla mit Hilfe eines Tellers um und lässt sie noch einige Minuten lang auf dem Herd. Sie ist fertig, wenn sie von beiden Seiten goldbraun gebacken ist.

Tortilla spezial mit Cherrytomaten, Erbsen und Basilikum

Tortilla spezial

Im Laufe der Zeit haben sich die Spanier viele Variationen ausgedacht. Was in deine Tortilla spezial kommt, entscheidest du selbst. Wie wär's mit Zwiebeln, Knoblauch, Petersilie, Oregano, Wurstscheiben, Gemüse, Champignons, Erbsen, Schinken, Fisch?

Garnelen in Kokossoße

Ein exotisches Gericht – typisch für Asien. Vor allem scharfe Gewürze wie Ingwer sind in Asien sehr beliebt. Um daran nicht zu „verbrennen", nutzen die Asiaten einen schlichten Trick: Sie geben Kokosmilch in die Soße. Die nimmt die Schärfe ein wenig aus dem Topf.

Das Grundrezept ist einfach.

1. Schneide die Zwiebel in kleine Würfel. Gib Olivenöl in eine Pfanne und brate die Zwiebeln unter ständigem Rühren etwa 10 Minuten bei mittlerer Hitze.

2. Presse die Knoblauchzehe mit der Knoblauchpresse und gib sie zu den Zwiebeln.

3. Gib die Gewürze (Ingwer und Koriander) und eine große Prise Salz dazu.

4. Gieße die Kokosnussmilch darüber und lasse sie etwa 10 Minuten andicken.

5. Nun kommen die Garnelen hinzu, die du vorher gründlich wäschst. Rühre um, schalte die Herdplatte etwas herunter und lass das Ganze zugedeckt etwa 6 Minuten lang köcheln.

Für 4 Portionen brauchst du:
- 1 Packung (250 g) geschälte Garnelen
- 1 Dose Kokosnussmilch (400 ml)
- 1 Zwiebel
- 1 Knoblauchzehe
- Knoblauchpresse
- Salz
- 1/2 Teelöffel Ingwerpulver
- 2 Teelöffel Koriander
- 1 Teelöffelspitze Kurkuma
- Olivenöl
- als Beilage: Reis oder indisches Fladenbrot
- Pfanne

6. Nun kannst du mit Salz abschmecken und die Garnelen in Kokossoße servieren.

7. Dazu gibt es Reis oder indisches Fladenbrot oder – noch besser – beides.

Tipp: Du kannst das Gericht variieren, indem du ganz zum Schluss Bambussprossen, asiatische Wurzeln oder Cherrytomaten dazugibst. Zitronengras oder frisches Korianderkraut setzen interessante Geschmacksakzente.

Korianderkraut unterstreicht die asiatische Note.

Kleines Lexikon der Ernährung

Abwehrkräfte: Das Abwehrsystem eines Körpers zerstört Fremdkörper. Das können Bakterien, Viren, Dreck oder andere „Eindringlinge" sein.

Die Körperabwehr besteht aus kleinen Eiweißstoffen, die sich zumeist an die fremden Stoffe binden und diese dadurch unschädlich machen.

Bakterien: Spezielle Gruppe von Lebewesen, die nicht zu den Pflanzen, aber auch nicht zu den Tieren gehört. Bakterien sind winzig klein und mit bloßem Auge nicht zu erkennen. Manche sind nützlich und helfen uns, etwa bei der Verdauung. Andere hingegen sind schädlich und verbreiten Krankheiten.

Ballaststoffe: Bestandteile unserer Nahrung, die nicht oder nur teilweise verdaut werden können, die Verdauung aber anregen. Außerdem schützen sie die Zähne vor Karies. Sie stecken vor allem in Vollkornprodukten, Obst, Gemüse und Nüssen.

Getreide: Getreide sind gezüchtete Gräser mit besonders großen, essbaren Samen, den Körnern. Die wichtigsten Sorten sind: Weizen, Reis, Mais, Gerste, Hirse, Hafer und Roggen. Getreide liefert nicht nur wertvolle Nahrung für Menschen, sondern auch Futter für die Viehzucht.

Lab: Stoff aus dem Kälbermagen, der bei der Herstellung vieler Käsesorten zur Gerinnung verwendet wird.

Nahrung: Lebensmittel, die dem Körper lebensnotwendige Stoffe und Energie zuführen. Nahrung ist notwendig für Wachstum und für sämtliche Aktivitäten des Körpers. Sie sollte zu zwei Dritteln pflanzlich und zu einem Drittel tierisch sein. Fette, Proteine, Kohlenhydrate sowie Vitamine, Mineralstoffe und Ballaststoffe sind die wichtigsten Bausteine der Nahrung.

Stoffwechsel: Unter Stoffwechsel versteht man alle Vorgänge im Körper, die der Aufnahme, dem Transport und der Umwandlung von zugeführten Stoffen sowie der Ausscheidung von Endprodukten dienen.

Verdauung: Alle Stoffe, die wir mit der Nahrung aufnehmen, zersetzt unser Körper in einzelne Bausteine. Diese Bausteine setzt er zu eigenen Stoffen zusammen, die er gerade benötigt. Die Verdauung beginnt im Mund, führt durch den Magen und endet im Darm.

Viren: Viren sind weder Pflanzen noch Tiere. Sie bilden eine eigene Gruppe aus winzigen Lebewesen. Viren sind immer schädlich – anders als Bakterien.

Zellen: Eine Zelle ist die kleinste lebende Einheit eines Körpers. Jeder Organismus setzt sich aus verschiedenen Zellen zusammen, die bestimmte Aufgaben erfüllen. Beim Menschen sind das zum Beispiel Haut-, Nerven-, Gehirn-, Muskel- und Fettzellen. Der Körper eines Menschen besteht je nach Gewicht aus 10-100 Billionen einzelnen Zellen. Die meisten davon werden in Abständen immer wieder ausgetauscht. Unsere Haut wird zum Beispiel alle sieben Jahre komplett erneuert.